卓月琴 著

年轻班主任
轻松带班八大攻略

大夏书系·全国中小学班主任培训用书

华东师范大学出版社

ECNUP

全国百佳图书出版单位

目　录

教室环境建设攻略——显现文化特色 攻略1

学生能力培养攻略——呈现主体作用

▌理论概述▌

▌问题解析▌

▌案例链接▌

班规制定实施攻略——体现民主意识

活动设计实施攻略——体现丰富多彩

▌理论概述▌

▌问题解析▌

▌案例链接▌

"问题学生"教育攻略——凸显因人而异

激励机制运用攻略——映现扬长补短

▓ 理论概述 ▓

▓ 问题解析 ▓

▓ 案例链接 ▓

序一：为青年班主任专业发展助力赋能

新教师刚踏上工作岗位，就要边上课边当班主任，这是不是强人所难？我以为不然，一个人既然选择了教师这一职业，就一定要做好当班主任的思想准备。在我国，中小学班主任将近有500万名，差不多占整个教师队伍的一半。柏拉图说："一个民族只有最优秀的公民才有资格当教师。"班主任应该是教师中的佼佼者，魏书生在《班主任工作漫谈》的自序中写道："做教师而不当班主任，那真是失去了增长能力的机会，吃了大亏。"在我看来，不想当班主任或当不好班主任的教师，最多是一个不完善的好教师。

我国中小学班主任大都具有双重身份：既是任课教师，从事学科教学；又要做班级管理，对几十个学生的在校生活负责。作为与学生最直接的亲密接触者，班主任在中小学的特殊地位是难以替代的。班主任对学生身心发展的重要作用，应该为更多的教师所认识。中小学班主任是班级工作的组织者、班集体建设的指导者、学生健康成长的引领者，是思想道德教育的骨干，是沟通学校和家庭、社区的桥梁。在班级德育工作中，班主任处于集编、导、演于一体的主体地位，对于学校教育教学的有效实施，功不可没。

一位班主任要面对学生、学生家长、同事这三个群体。因此，如何走近个性各不相同的学生，如何与不同类型的学生家长打交道，如何与其他任课教师协调工作，这些来自实践的问题是摆在每一位青年班主任面前的重要事项。具体来说，有班级常规建设、突发事件处置、个别学生教育等，这些问题的解决，无一不需要恰当的教育方法，以及一定的教育机智和艺术。对于青年班主任来说，面临这些挑战，既缺少经验又缺乏历练，常常在力不从心与孤立无援之间徘徊，从而感到迷茫，产生困惑。

青年班主任如何很好地适应岗位工作，快步走上专业成长的道路？上海市青浦区教师进修学院德研员卓月琴老师的《年轻班主任轻松带班八大攻略》是一本富有实际意义的学习培训用书。该书在理论诠释与实践操作之间搭建起一座桥梁，既有高位的理念引领，也有针对现实的问题解析，更有接地气的案例呈现，可以为年轻班主任的专业成长助力赋能。这本书立足一线教师的教育经验，突出了以下四个特点。

1. 内容有宽度。全书一共分为八个单元，从教室环境建设、学生能力培养、班规制定实施、活动设计实施，到家长作用发挥、偶发事件应对、"问题学生"教育、激励机制运用，范围广泛，基本上涵盖了班主任工作的各个方面，给读者提供了一位合格班主任需要掌握的专业理论知识、解决疑难问题的大体思路和策略方法，同时展示了一批显现真实场景的教育案例，以推进理论与实践相结合。

2. 理论有高度。班主任工作不能仅仅埋头苦干，更需要理论指导，这也是教师专业化发展的首要前提。本书每个单元都有比较高位的理论知识，而且所述通俗易懂，便于班主任掌握相关专业知识的基本概念、基本原则和方法，拓宽专业视野，储备专业知识，促进行动改进。同时，借助这些理论的指导，班主任可逐步开展行动研究，促使自己更好地成长。

3. 思维有深度。每个走上班主任岗位的青年教师，都会遇到各种各样"如何做""怎么办"等学生教育与班级管理问题，由此带来的困惑是必然要经历的，需要深入思考解决。为此，本书从一线班主任的工作实践中筛选了25个典型问题，通过理性解析，提出策略建议，让青年班主任能够拨开绕身云雾，获得柳暗花明的体验，提高应对复杂问题的能力。

4. 实践有亮点。班主任的专业知识是实践性知识，从实践中来，又可以为实践所用。本书汇编的25个教育案例，用带着草根情结的生动故事，揭示了隐含于每一事件或行为背后的教育思想和方法的亮点。他山之石，可以攻玉，年轻班主任通过阅读这些生动活泼的案例，可以广采博闻、拓宽视野，领悟其中承载的教育理念和优秀班主任的智慧。

专业成长是教师追求和探索的目标，作为青年班主任，需要在专业发展的道路上不断修炼，努力提高自己的学习力、思考力、行动力，勤于实践探究，善于集思广益，博采众长。希望本书能为青年班主任的专业发展助力赋能，促使班主任走上专业成长的快车道。

（作者系中国教育学会副会长，上海教育学会会长，原上海市教委副主任）

序二：行走在服务班主任的路上

2004 年 9 月，我奉调到青浦区教师进修学院，当上了一名德育研究人员，承担起向全区班主任提供专业服务的任务，这项工作涉及研究与指导。回想从教以来，自己先后担任过班主任、德育教导、德育副校长，似乎与德育有不解之缘。可德研员这个角色对自己来说无疑是个极大的挑战，我一次次地自问——德研员应该具备怎样的专业素养？如何发挥引领作用促进班主任专业成长？这样的追问，使我感到有一种前所未有的压力，感到一种莫名的迷茫和困惑。不过在思定之后，自己逐步确立了"服务最小的主任，共担最大的责任"的工作理念。16 年来，帮助年轻班主任解困释惑，带领他们走上专业成长的快速道，成了自己的心愿，并一直为此而魂牵梦绕，砥砺前行。回顾 16 年的德研经历，自己在服务班主任的路上是这样行走的。

实践探路：摸着石头过河

2005 年，针对 0 ~ 3 年新班主任的需要，我尝试开展课程培训。没有现成方案，也缺乏经验，但自己毕竟做过中学班主任，姑且将培训当作一次探索机会，我就学做一个班主任的"班主任"吧。于是，边学习边实践，摸着石头过河，不仅将自己的班主任经历"和盘托出"，而且收集了大量优秀班主任的教育案例，作为学习资料提供给老师们分享。这样的培训，受到了新班主任们的欢迎，并形成了一门培训课程"新教师的班主任专业基础"。在取得初步成效的基础上，自己先后申报的课题"以案例研究为载体，提高班主任专业能力的实践与研究""新教师的班主任专业培训——基于案例的实践模式研究"被立为青浦区教育科研项目。通过边培训、边研究、边总结,逐渐形成了一种班主任培训模式。

创建模式:迎着困难前进

随着培训的深入,我进一步认识到班主任专业成长是一个渐进的过程,它离不开理论学习,更需要实践锻炼。为了有效促进这个过程,需要为班主任搭建一个专业研修平台,通过这个平台借助外部资源,开展人际互动,创生实践知识,共享群体智慧,在解决现实问题的实践中促进班主任可持续发展。对我这个德育研究新手来说,面前还有许多困难。为此,从2007年起,我办起了沙龙式青年班主任高级研修班,坚持每周一次"相约星期二"。这种研修,聚焦班主任需要解决的问题,以主题教育课例和德育叙事为载体,组织青年班主任开展观摩研讨活动。这一基于问题解决的团队研修模式,助力青年班主任专业成长,受到了他们的欢迎。

后来,我和区里多位班主任一起对"问题解决"的研修模式开展探讨。于是,"基于问题解决的团队学习——班主任'后240'专业研修的研究"于2008年被立为青浦区教育科研项目,"基于问题解决的团队学习——青年班主任专业研修的实践模式研究"于2009年被立为上海市教育科研项目。课题研究过程中积累了上百个案例,我们集聚团队的实践智慧,将这些成果编著成《在剖解问题中前行——青年班主任专业成长之路》一书,为班主任提高专业水平助一臂之力。

聚焦问题:向着高峰攀登

近几年来,我带领班主任积极探索"问题导向与项目驱动相连接、团队学习与实践改进相互动、成果提炼与经验分享相共进"的运作思路,坚持"问题解决"的专业主张,以"德育叙事"为抓手,加强实践指导,和班主任一起攻坚克难,攀登专业成长的高峰。

实践中,聚焦青年班主任所关注的典型问题,深入开发培训课程,力求在增强培训的针对性和实效性方面有新思考、新作为、新成效，以适应班主任的成长需求。"以破解问题为中心：青年班主任培训课程的研发与实施"于2018年被立项为上海市学校德育实践课题，经过努力，《青年班主任的九大问题破解》也已经由华东师范大学出版社出版。

2016年，我担任上海市班主任带头人工作室初中联盟主持人，开始带领联盟全体成员以项目"开展德育叙事，提高班主任专业发展自觉的实践与研究"为抓手，借助市工作室的资源，组织规模不等的市、区、校三级工作室联动。最后，编写了研究成果《德育叙事——班主任专业发展新视角》一书，以积累班主任专业成长的智慧财富。

班主任也许是世界上最小的主任，却又担负了很大的责任。服务最小的主任，与他们一起共担巨大的责任，我心甘情愿：携手班主任，不忘初心，怀揣理想，激情逐梦，用实践中获得的智慧，努力破解育人事业中面临的一个个问题。

卓月琴

2020年6月

攻略 1 / 教室环境建设攻略
——显现文化特色

苏霍姆林斯基说:"依我们看,用环境、用学生自己创造的周围情景、用丰富集体精神生活的一切东西进行教育,这是教育过程中最微妙的领域之一。"毋庸置疑,优美的教室环境是班级文化建设的重要组成部分,能起到"桃李不言,下自成蹊"的作用,使学生在不知不觉中受到暗示、熏陶和感染,有助于培养学生正确的审美观念,激发学生热爱班级的情感,促进学生奋发向上学习。因此,如何设计、布置教室,为学生健康成长营造一个好的环境,是摆在班主任面前的重要课题。

理论概述

教室环境建设的意义与目标

1. 教室环境建设的意义

从心理学角度看，教室的布置对学生心智活动起着刺激、诱发和启迪的作用，对学生意志、性格和情感有培养、熏染和陶冶的力量。因此，教室环境建设具有如下重要的教育意义。

一是激发学生热爱班级的热情。窗明几净、整洁美观、布置得体、陈设宜人的环境，会让学生有一种舒适感、自豪感，其热爱班级的热情会油然而生。

二是营造浓郁的班级文化。教室是学生学习活动时间最长的场所，是学生精神成长的家园。利用教室环境的布置，形成浓郁的班级文化，让学生获得认同感、归属感，于潜移默化之中达到了育人目的。

三是促进学生习惯养成。教室布置的艺术性，能创生出一种最佳的学习天地，使学生产生积极向上的心理状态、保持学习的高效率，从而养成良好习惯，减少不文明行为。

四是展示师生的独特才华。教室环境是班级的一个窗口，能显现师生的精神风貌。从设计和布置教室入手，可以培养学生关心集体的意识、自我管理的能力和追求卓越的激情。

2.教室环境建设的目标

优美的教室环境，不但能给人春风拂面的感觉，还可以净化学生的心灵，沟通师生的情感，产生潜移默化的教育功效。教室环境的布置，应力求优雅高尚，做到人性化、教育化，以净化、美化、优化每个角落为目标，让学生走进教室就能感受到班级的吸引力，陶醉于集体生活之中，增添学习的乐趣，消除身心的疲劳。

净化：室内布置整洁，黑板无积尘，门窗、墙壁、讲台、桌椅、地面、电教设备等干净、无涂写，各种清洁用具摆放整齐。

美化：室内装饰漂亮、新颖，具有美感，突出班级文化的韵味，令人赏心悦目。布局不过分点缀、喧宾夺主，以免分散学生的注意力。

优化：设计有创意，板报版面围绕班级中心工作安排，各种专栏主题鲜明、构思巧妙，突出知识性、趣味性、鼓动性、引领性，营造出良好的育人氛围，且能经常更换。

教室布置的项目与原则

1.教室布置的项目

苏霍姆林斯基说："无论是种植花草树木，还是悬挂图片标语，或是办墙报，我们都将从审美的角度深入规划，以便挖掘出潜移默化的育人功能。"因此，班主任必须努力尝试以新的观念和做法，突破设计常规，致力于教室环境的布置改进，师生共同营造一个适合于学生学及教师教的理想环境。

（1）基本项目

教室前墙。通常安放一块 400cm×120cm 的黑板，黑板正上方的墙面高度一般不超过 70cm，可用来张贴班训。黑板的左右两侧各有 200cm 宽的墙面，其右侧（教室前门）可开辟为班级建设、管理园地，左侧可设立专栏，或陈列班级公约，或张贴中学生守则。

教室后墙。后墙中间是黑板报宣传栏，其正上方可悬挂班级获得的奖状、奖牌，左右两侧墙面适宜开辟成专栏，可在左侧距地面 120cm 以上处划出一块 500cm×120cm 的墙报专栏，右侧的角落一般放置清洁用具。

左右墙面。因采光需要，这两处可用面积不大，但窗户之间的墙面可灵活利用。如果一面墙壁只在中间开一个窗口，那么可在窗户两侧距地面 120cm 向上开辟两个大小一样、左右对称的专栏，当然也可以空置不用。

室外走廊墙面。教室外的走廊，既是本班学生进入教室的必经之路，又是连接教室与学校整体环境的通道，其他班级的师生也会经常路过。由此，走廊一边的教室外墙布置，具有宣示功能，若能做恰当的设计，会有独到的作用。

（2）推荐项目

班训。班训是体现班级追求目标或班集体特色的醒目短语，对全班学生有指导意义与规约作用，如"贵在坚持、难在坚持、成在坚持"，"好习惯早养成，习惯好益终身"等，可用于学生自我教育、自我激励、自我警示。

展示角。展示角可设置在教室前墙，内容有学生中的好人好事、各级各类比赛获得的荣誉、班级组织的小组竞赛成绩等，以展现学生的成长，供全班学习、欣赏，促使大家取长补短。

图书柜。教室一隅摆放小书柜，由学生自己负责图书管理，登记外借。通过发动人人捐书、积攒零钱买书等途径，为读书活动提供资源，供全班借阅，营造书香班级。

生物角。在教室窗户边的合适的地方布置生物角，陈列学生自种的花木盆景，由学生负责养护。既为教室增添绿意，又让学生就近观察植物生长，获得种养知识，增强环保意识。

"悄悄话"信箱。"悄悄话"信箱是学生与班主任书面沟通的渠道，凡是需要排解的烦恼，需要寄托的情感，难以启齿的话语，都可通过信箱向教师倾诉。班主任据此为学生排忧解惑，和学生分享快乐。

班报。班报或黑板报由学生负责采写编辑、设计版面，定期刊发。班主任在栏目特色、内容丰富、参与面广等方面，要给予指导，通过让黑板"说话"促使学生学会互相关心。

室外布置。走廊两侧可放置一些盆栽植物，以增添绿意。走廊的墙壁一面可用学生熟悉的日常生活物品进行造型设计，或悬挂镜框展示学生作品，并定期轮换。

（3）注意事项

一要有安全意识，如窗台上放花盆、墙壁上挂玻璃镜框等，都得加固起来。

二要有节约意识，选择的材料应经济实用。

三要有保护意识，应爱惜墙壁及其他设施。

2.教室布置的原则

教室布置的目的，是为学生创建一个良好的空间环境，使他们爱学习，更爱班集体。所有布置项目的策划和实施都要体现育人功能，让教室里的每一面墙都会"说话"，每一个专栏都能为展示学生特长"发声"。为此，教室布置应遵循以下基本原则。

（1）学生为主体

班主任自身要树立学生布置为主、教师指导为辅的意识，将教室布置过程作为培养学生自主能力的好时机，让学生通过参与教室布置，在同学之间加强人际交流，开展合作创新，实现成果共享。如开学初，可先召集班干部和学生代表开会策划，共商本学期班级文化建设的主题。然后，通过晨会、班会组织学生讨论，确定一个大家认可的方案。具体的布置，可由学生自主设计、自主实施，最终是自主评价。这样，全班群策群力、积极行动，共同为教室的布置留下精彩的一笔。

（2）人人参与

让学生人人参与的目的，是为了激发学生的主人翁意识，使他们经历教室布置的过程，认识到在班级这个集体里每一个人都是不可或缺的，体会到教室的每一面墙上、每一个角落都会有每个同学积极参与布置留下的印迹，体验到美观大方、整齐清洁的学习环境给人带来的快乐。只有全班人人都真正参与，并且各尽其能、各展所长，才能充分调动学生的积极性和主动性，不使教室布置成为一种学习之余的负担，才能让学生明白自己劳动成果的来之不易，从而更加爱惜教室里的每一块方寸。

（3）常换常新

青少年的年龄特点决定了他们对周围环境容易保持敏感性，进而对身边的一些新鲜事物尤其感兴趣。因此，教室布置不能一劳永逸，一成不变的学习环境会让学生产生视觉疲劳和审美固化，从而弱化或失去教室环境应有的教育功能。对此，班主任在每学期组织学生制订教室布置计划时，要提醒学生注意创新设计，并通过定期更换一些栏目和内容，做到常换常新。这样，每一天教室都有可能以崭新的面貌示人，从而给学生的学习带来新鲜感和激情澎湃的原动力。

（4）形式多样

教室的布置，在形式上要体现多样化，黑板报、图书角、合作交流专栏、名人名言等，都是可以选用的形式。当然，根据班级自身的特点，一些优势栏目可固定下来，以体现环境特色的稳定性。而学习交流、作品展示等专栏，则可以定期更换，尽量让全班每个人都有机会展示自己的最新学习成果。遇到重要节庆活动，还可以适当安排专题栏目，开展相关主题教育，从而在班级里营造一种积极向上的文化氛围，以环境感染每一个学生。

问题解析

教室布置，看似比较简单，但很多班主任也会在工作中遇到疑惑，这里选择一些问题予以解答。

如何发动小学低年级学生参与教室布置

一位小学低年级的新班主任，每次布置教室前都花费了很多心思，有时也会安排几个学生一起布置，可是他们动手能力不强，不是不小心弄坏了东西，就是把自己碰疼了。后来，这位班主任都是亲力而为。可他很清醒地意识到总是这样下去恐怕不行。那么，小学低年级班主任该如何发动学生参与教室布置呢？

学生是班级的主人，教室的布置理应让他们参与。俗话说，万事开头难。小学低年级学生动手能力确实不强，做事很难一下子做好。所以，一年级刚开始时，布置教室基本上需要班主任自己干。而随着学生的成长，班主任要逐步培养他们的动手能力，让他们尽快养成自主、自理的习惯。小学低年级学生年龄小，但他们还是很喜欢动手的，所以班主任要耐心指导，让学生参与设计，共同布置教室。在此，给小学新班主任提出如下建议。

1. 基于学生视角创设环境

教室不仅是一个物理空间，更是一个心理场，是由师生、生生互动营造出来的心理空间。发动学生布置教室，一定要依据学生的身心特点，使外在环境设置和学生心理成长规律相符合。因此，低年级教室的布置应尽量从儿童的视角出发，采用形象活泼、造型简单明确的画面，创设新颖的环境。其内容要与学生的日常生活相结合，而且是学生熟悉的东西，以帮助学生认识事物或进行生活常规教育。布置的教室，要既有色彩鲜明、充满童趣的图案标识，又有各种富有特色的学生绘画、手工作品。布置完成后，班主任可组织召开商讨会或欣赏会，让学生交流感想。同时，对于环境布置中留下的空白，更可以让学生大胆想象，发挥自己的创造性思维，开展互动设计，这样的活动对学生来说也更具有教育意义。

2. 师生共同布置教室环境

布置教室的过程，是一个教育过程。让学生参与布置所花费的时间和精力，虽然比教师独自完成要更多，但就教育效果来说，这样更能提高学生的兴趣和培养学生的创造性。由于小学低年级学生的自理能力比较弱，其参与程度会低一些，但教师也可以设法让他们体验参与的乐趣。如把学生的作业、绘画、小制作等作为布置的作品，或将学生参加活动的照片、比赛获得的奖品放在教室中，以此给学生"我是班级小主人"的暗示。等到学生年龄稍大一点，班主任可发动他们更多地参与。此时，班主任着重发挥主导作用，如先向学生提供一些模型，让他们学着做，然后过渡到由学生自己动手加工制作，出现不足处，教师再及时指正，这样更能促进学生奋发向上。

3. 发动家长一起参与布置

班主任可以发动学生家长作为志愿者一起参与教室的布置，如墙饰布置时增设优点展示台，请学生家长帮助教师共同发掘孩子身上的优点，同学之间也可以互相说说对方的优点，然后汇集在一起，以心形小卡片形式在专栏中展示。这种鼓励与表扬方式和小学生的年龄特点十分契合，容易激发他们的学习兴趣。

如何彰显教室布置的班级特色

一名青年中学班主任，按照学校要求去布置教室，结果发现几乎每个班级的教室里都有国旗、班训、学习园地、名人名言等版块，基本上是千篇一律，根本体现不出自己班级的特色。这些规范性的设置几乎成了摆设，学生也是视而不见，很难达到应有的教育效果。那么，如何在教室布置中彰显班级的个性特色呢？

这个问题有一定的普遍性。教室布置的特色，在于有班级文化的独特内涵。教室布置要高雅不俗，以此增强班级凝聚力，能发人深省，让学生了解班级目标，以此引导学生树立自信，不断奋发进取，树立正确的世界观、人生观和价值观。为此，提出如下建议。

1. 设计要凸显主题

环境设计要有一个确定的主题，这好比一篇文章一定要有中心思想，否则，就不称其为文章了。主题不明的布置，尽管看上去版面很花哨，但内容难免杂乱无章。这样的布置缺乏深刻内涵，也没有欣赏价值，更无教育意义，自然引不起学生共鸣。一个独立而完整的主题，可以用各种载体表现出来，如文章、字画或照片等，虽然手段多样，但主题只能有一个。因此，在教室布置前，班主任首先要引导学生明确主题，如感恩、诚信、励志、英雄、责任、生命等，然后进行整体构思，力求每一项内容、每一种形式都能凸显主题，由此营造浓郁的班级文化。

2. 内容要具体真实

教室布置一定要展示班级的真实一面，呈现真实的案例、真实的成果，使之成为学生真情实感的交流平台。因此，在布置时，班主任要引导学生基于主题提供丰富素材。它可以是社会上的典型事例，也可以是发生在学生身边的真实感人、催人奋进的故事，或者是学生获得荣誉后的感言等。将这些内容布置在教室环境中，以形成班级自身的独特文化，既能达到励志教育的目的，也能为学生营造家的氛围。

3. 形式要不断创新

教室布置可以引入竞争机制，即把全班分成若干小组，将教室墙面分成若干个对应版块，分别由各组承包，开展设计竞争。首先，由各个小组自行设计，充分发挥每个人的创新思维，形成初步方案；然后，由班主任和班委会组织集体评价，挑选出比较适宜的、通俗易懂的好方案，同时积极吸收各个方案中的好点子，再统筹进行布置。

如何发挥教室环境的育人功能

一位中学班主任说，每次布置教室，自己都能发动班干部积极参与，班干部也集思广益，出了很多点子，教室被装扮得赏心悦目，班务、卫生角、植物角、学习园地、雏鹰争章、图书角、荣誉榜、班主任"悄悄话信箱"等项目林林总总。只是精力花了不少，可育人功效不佳。如图书角虽然制定了借阅制度，但很少有人问津；卫生角，经常是抹布、扫把横七竖八地躺着；荣誉榜上，出镜率高的总是那么几个学生；班主任"悄悄话信箱"经常空空如也，收不到学生来信。那么，教室布置如何发挥育人功能呢？

教室是学生学习活动的主要场所，整洁美观、充满浓郁文化氛围的教室环境，对班集体的建设具有特别的促进作用。教室布置这项工作，每位班主任都在认真做，至于怎样更好地发挥环境育人的功能，在此提出如下建议。

1. 让学生在参与中接受教育

学生对教室布置的参与程度，要依据年龄而定。就中学生来说，从整体设计、物品采购到各种制作、张贴等，都可以发动学生广泛参与。如教室布置主题确定后，可在班级中征集具体的设计方案，再将教室墙面分割划块，分别让各学习小组"承包"。所有这些，都是为了使学生在参与中培养和锻炼自己的策划能力、动脑动手能力、人际交往能力，特别是在团队协作、共同完成任务的过程中，增强团结意识、互助意识、合作意识、关心与热爱集体意识。

2. 根据班情坚持布置常换常新

只有能引发学生关注的事物，才有可能对学生产生影响。一个学期甚至一个学年才更换一次的教室环境，在学生眼里，则是一堆毫无生气的"死物"，容易让他们熟视无睹。因此，教室里的标语、墙饰等物件应不定期更换。这种变换，不一定是大规模的，可以是一些小范围的、有针对性的。比如当班级获得荣誉或受到批评时，适逢重大节日时，某些学生取得明显进步时，都可以更换或增加一些新的布置。这不仅能立即引起学生的注意，给学生新鲜的感受，调节学生的精神状态，更重要的是，新布置的内容会及时给学生以教育、鼓励、启发和熏陶。

3. 引导学生理解教室布置的文化内涵

精心布置的教室，是形式和内容的统一，但容易引起学生注意的，往往是形式。只有引导学生充分理解形式美中的文化内涵，才能最大限度地发挥教室环境的育人功能。如关于荣誉榜，班主任既要积极引导学生向榜样人物学习，也要善于挖掘更多学生的闪光点，让学生都有可能上榜。对此，班级需要建立多元评价激励机制。至于图书角，除了建立一套借阅、归还等管理制度，落实管理人员，还可以开展好书推荐活动，并引导学生将自己的读书心得跟其他同学分享，以营造班级读书氛围。面对班主任"悄悄话信箱"的窘境，班主任需要有一套明确的信箱使用规则，如强调"对所有同学的来信绝对保密"。这样就能让学生消除戒备心理，敞开心扉，将老师作为自己的知心朋友；再通过师生推心置腹地交流，不让任何一名走近班主任"悄悄话信箱"的学生失望。同时，班主任需要依据"悄悄话"的来源与内容，开展一些相关的活动，进行针对性教育。很多有经验的班主任，在教室布置结束后，就是这样引导学生感悟其中的班级文化所蕴含的道理的。

总之，一个整洁、温馨的教室环境是一种无声的教育资源，是学生健康成长的文化土壤，它可以陶冶情操、美化心灵、启迪智慧。这样的教室环境，会像春雨那样润物细无声，将知识、睿智、情操、审美等，洒向学生的心田。

案例链接

教室外，风景独好——教室外墙的布置

"学校商议决定，为了突出环境育人功效，每间教室的外墙面都要布置，形成走廊文化，希望班主任组织学生精心设计。学校德育处每月选择优秀现场，组织全体班主任参观学习。"一次班主任例会上，学校德育教导布置了新的任务。

听到这个要求后，班主任们就忍不住议论起来："咦，这点子真不错！""是呀，现在的教室内南北都是两扇大窗户，剩下的地方墙面空间很有限。""我原本想把孩子们的作品展览出来，但是苦于没有地方……"

正如这些老师所说，由于学校教室的结构特点，教室内的布置空间很有限。在我们班的教室里，后墙有一块大黑板，两侧已经布置了生物角、图书角，图书角的上方张贴着一些名言警句，教室的前面北边是卫生角，进门处就是布告栏，很难找出其他地方可以用来布置了。学校布置的这一任务虽然表面上增加了班主任的工作量，但细细想来，文化环境对于学生的熏陶是潜移默化的，布置好教室内外环境，不仅仅使学生身心愉悦，更能形成一股无形的教育力量，这就是"环境能造就人"。为了教室外的那一道风景墙，我暗暗思忖着该如何设计规划。

1. 召开班会，我为班级献计

学生是班级的主人，理所当然应该成为教室布置的主角。怎么布置，不能一味地由班主任说了算，还得听听孩子们的想法。于是，我设计了一节"我为班级献一计"的主题班会课，目的是引导孩子们真正以主人翁的姿态为教室的布置出谋划策。

周一的班会课上，我首先播放了一些从网上搜索来的教室外墙布置的精美照片，孩子们看着，嘴里啧啧称赞："好漂亮呀，真美！"我不失时机地说："我们的教室外墙能不能也布置得这么美呢？""可以，当然行！"几个班干部不约而同地说，我声音洪亮而又坚定地说："我的地盘我做主，这个地盘是我们每一位同学的，希望大家献计献策，打造属于我们共同的美丽环境。"

或是看到漂亮图片后的启发，或是听了我激昂的讲话后情绪激动，孩子们七嘴八舌地讨论起来，"颜色要漂亮一些""可以贴同学的活动照片""可以贴一些同学的书法作品""可以贴上同学的美文""贴上同学们的手工作品""贴上我们全班的集体照（'全家福'）吧"……在相互启发下，孩子们脑洞大开，各种奇妙的想法脱口而出，越说越带劲儿。"老师，最好每次布置好的墙面都拍照，以后可以留作纪念。"班长更是提了一个我都没有想到的妙招。这节班会课上，孩子们从颜色的搭配、空间的想象以及内容的选择等方面提出了好多的设想，我真没想到，他们的小脑袋瓜里真装着不少的想法呢。

之后，我趁热打铁又召集了班干部会议，综合孩子们课上提出的各种设想进行归纳，最后把外墙划分成三大区域：主题区、七彩生活、明日之星等。至此，教室外墙布置方案初步形成。

2. 丰富内容，德育无痕渗透

考虑到是第一次布置教室外墙，我自己先做足了功课，从网上购买了一些装饰用的贴纸、彩笔和美工刀，准备了一些孩子们的书法作品、手抄报，还有"全家福"照片，利用周六休息时间，我带领班干部一起来布置。

班干部们有人拿胶水，有人拿作品，还有人负责看看高低距离，还不时地说"这个我来做""还是我来贴""我在这里画个花边"，个个兴致盎然，一切很顺利，因为有了之前的预设，第一期教室外墙布置大功告成。班长又提醒我："老师，别忘了拍照。""知道，知道。"看着班干部们的大作，我满心欢喜。

到了周一，孩子们陆续到校了。

课间，孩子们一改往常在走廊里追逐打闹的习惯，专注地欣赏着墙面上布置的内容，孩子们欣赏着、评论着，一些孩子看到有自己的作品展示，脸上更是露出了笑容。我心想，虽然第一次的外墙布置吸引了孩子们的注意力，但是没有作品展示的孩子心里难免会有失落感，我必须得考虑，如何挖掘孩子们的潜能，如何让孩子在欣赏中潜移默化地进行美好人格的塑造。

为了让教室外墙文化真正构成教育的情感场，对班级每一个人都能发挥潜移默化的教育作用，我结合学校德育工作的要求，对教室外墙布置进行了整体规划设计，确立了每月一个德育主题：1月感恩教育，2月励志教育，3月文明教育，4月安全教育，5月劳动教育，6月环保教育，7月诚信教育，

8月生命教育，9月博爱教育，10月爱国教育，11月科普教育，12月法制教育。每月一期墙面布置的内容就通过主题教育活动开展的成果进行展示。如1月的感恩教育主题，在主题区写上感恩教育意义的文字进行思想引领，"七彩生活"布置家庭亲子活动绘画作品、书法作品，或者是亲子照片，"明日之星"，每月评出本月主题教育活动中表现出色的学生，张贴他们的生活照，让每个孩子都看到自己身边的榜样。同时，在每期作品展示时，我一方面考虑表现出色的孩子，另一方面还要挖掘孩子的潜能，让更多的孩子都能得到展示的机会。这样的外墙文化布置，不同阶段的主题教育与不同类别的主题教育交叉进行，相互推动，真正起到润物细无声的育人目的。

3.人人参与，风景这边独好

有一次，我正巧路过走廊，看见孩子们一边看外墙布置的内容，一边议论着照片怎样摆更好看。"我觉得这几张照片摆在这儿，整体会更好看。"小强同学不经意的话引起了我的注意，以往的每月教室布置是班干部一起做的，是否应该发动每个学生一起参与教室的布置呢？我把这个想法告诉了班干部，得到了大家的一致赞同。于是，我把全班36名同学分成了5个组，每个月由一个小组负责布置，轮流进行。

在带领孩子们进行教室外墙布置的过程中，我尝试着放手让学生自己完成，提醒大家一定要团结合作。让我惊喜的是，孩子们真的创意无限，他们不仅拿出了自己的首秀作品，还把家长都带动起来。朱超同学的妈妈擅长做广告设计，知道孩子参与教室的布置，就自告奋勇地提供支持和帮助，不仅对版面的布局提出改进意见，还提供精美的KT宣传板。在听取了各方建议后，我们班的教室外墙布置又升级了，在原有三个栏目的基础上又增加了一个"留言板"，这个留言板可以随时更新，孩子们在上面记录班级一天发生的各种大小事。作为班主任的我，经常关注留言板上的内容，及时掌握班级情况，加强引导教育。

到了期末，我专门组织了一次班会课，把每期墙面的布置照片和视频做成影像，发动全班同学进行投票，选出最美设计、最美照片、最美的画、最美的字……孩子们积极参与投票，在回答"为什么选这张"环节，我真切感受到了教室外墙文化已经滋养着孩子们的心灵。在后来学校举行的教室环境评比中，我们班的教室外墙布置得到了领导们的高度赞赏，连连称赞风景这边独好。

我们班在实施教室外墙的布置之后，收到了意想不到的效果。精心布置的走廊文化，展示了班级生活的丰富多彩和本班学生的精神风貌，对每个学生都起着潜移默化的教育影响。它像一个无形的磁场，弥散于学生心中，指引着学生的前进方向，滋润着学生的心田，使学生在自由的空间中健康快乐地成长。

让教室布置充满能量

"组长快来看啊，这期'编辑部'上留言很多！"

"小明，你看，这期黑板报的颜色真漂亮……"

"我们组这次布置的内容比上个组布置得好，我们的组员真厉害！"

在我们的班级中，同学们都很关心教室环境的布置，每位同学都很愿意参与到教室布置中来，他们在布置教室的过程中，体会到团结的力量，感受到成功的喜悦，获得了满满的正能量！于是，我们布置教室的主题就在这无形的力量中诞生了——能量教室。

但是，能量教室的诞生并不是一帆风顺的，我遇到了很多班主任都会遇到的问题。

"在小学里出过黑板报的同学请举手！"六年级接班伊始，我习惯性地问这个问题，教室里鸦雀无声。"谁愿意为班级出黑板报？请举手！"同学们面面相觑。过了一会儿，有两位学生举手了，表示愿意为班级出黑板报，我又点了两位字写得好的学生，要求他们一起参加。利用周末，我拿出了当班主任的工作热情，带他们一起到学校出黑板报和布置教室环境。

凭以往的经验，我事先准备了很多布置教室的材料，有彩纸、粉笔、粘贴带、美工刀等，在我的指挥下，一期主题为"新学期，新打算"的黑板报诞生了；教室窗台上摆放了6盆绿植；"学习是素质的修炼，读书是知识的积累"标语赫然醒目；卫生角里的工具摆放整齐；张贴栏、课程表、作息时间表等，一切布置有序。这次布置整整用了一天的时间，我对劳动成果很满意。

周一的班会课上，我情绪高昂地介绍着教室环境布置中各个部分的寓意，也希望同学们在新学期能够树立新目标，以饱满的姿态投入到新的学习中。学生们并没有流露出我预想的那种兴奋和激动，平静的表情似乎告诉我"这是习以为常的事"。想想也是，学生有过类似的经历，对教室布置没有新鲜感也很正常。那就这样吧，至少教室看上去整洁大方。

可是没有想到的是，没过几天，黑板报被走来走去的同学涂抹得很模糊；卫生角那边的工具都横七竖八地躺在那里；几棵绿植的叶子断了……看到这样的场景，我顿时火冒三丈，大声质问："你们怎么就不知道爱护教室环境？"教室里一片沉寂。

发火有用吗？显然是无用的。怎样让学生爱护自己的教室环境？细细想来，只有让学生亲身参与教室环境的设计与布置，在体验中增强责任感和参与意识，提高他们的实践能力才行。对了，我得先去摸底。

1. 调查，了解学生所想

于是，以"我为教室'美容'献良策"为主题，我设计了一份调查问卷表，围绕"你期望我们的教室应该是怎样的？""你认为教室各个区域是否要合理规划、布置相关内容？""你喜欢教室布置哪些内容？""如果教室里设置图书角了，你认为摆放哪些书籍比较适宜？""你愿意为教室布置出力吗？"等问题，组织全班同学进行问卷调查。

问卷得到了同学们的积极配合。真是人多智慧多，同学们对教室布置提出了很多精妙的点子，如"教室里的布置最好分组负责，每次以小组为单位进行布置""建立班级图书角，每人捐两本书""设计温馨提示板，每天做天气预报""布置学生作品栏，把同学们好的文章或作品展示出来""教室布置还应该体现学科知识"……学生们精妙的点子让我惊喜连连。

接下来，就要考虑归纳提炼，以及落实的问题。

2.讨论，确定布置内容

我及时召开班干部会议，商量、讨论教室布置的方案。

首先，我提出了做"珍惜韶华、奋发有为"的新时代青少年，努力成长为德智体美劳全面发展的社会主义建设者和接班人，努力在实现中国梦的伟大实践中放飞青春梦想，书写人生华章！这是我们班级的总目标。所以，我结合同学们问卷反馈的结果，围绕德智体美劳规划教室布置内容，组织班干部们进行了讨论，最后，班委会一致决定分成德智体美劳五个模块来布置教室，又细化了具体内容（如下表）。

表 1.1　确定布置内容

模块设置	主要内容	对应的班级布置
德育模块	培养学生正确的人生观、价值观，培养学生具有良好的道德品质和正确的政治观念，培养学生形成正确的思想方法的教育。	① 班级标语 ② 荣誉墙 ……
智育模块	授予学生系统的科学文化知识、技能，发展他们的智力因素的教育。	① 学科编辑部 ② 学习、进步之星评比 ③ 图书馆 ④ 每日一积累 ……
体育模块	传授学生健康知识、技能，发展学生的体力，增强他们的体质，培养学生的意志力的教育。	① 照片墙 ② 动感表格 ……
美育模块	培养学生的审美观，发展学生鉴赏美、创造美的能力，培养学生的高尚情操和文明素质的教育。	① 作品展 ② 心灵信箱 ……

模块设置	主要内容	对应的班级布置
劳育模块	培养学生劳动观念和劳动技能的教育。	① 绿植维护 ② 阳光菜园 ③ 垃圾分类 ……

"有了内容，那么谁去布置呢？教室布置还是由我去指手画脚吗？"我问自己。"不！学生是班级的主人，应该把主动权放给学生。"心里一种强烈的声音反驳道。

3. 参与，人人大显身手

为了体现各尽其能，各尽所长，我采取了小组合作制的建班策略，遵循组内异质、组间同质的原则，将学生们分成了五个小组，使各组之间达到相对平衡。之后，我又组织了一次班会课，班会课的主题是"我为教室'美容'显身手"。

班会课上，我充分赞赏了同学们为教室"美容"献良策的热情，列举了几个精妙的点子，又请班长传达了班干部会议讨论的结果，看着同学们听得入神，我出其不意地问道："有想法，是不是更应有行动？同学们，你们说谁来布置教室呢？"

宣传委员立即举手说："我觉得，大家可轮流布置教室。"

"说得好！希望每个人都为教室'美容'显身手。"

随即，我下发了班级小组合作制的名单，并提出要求：以小组为单位分别负责德智体美劳五个板块的内容布置，为了体现教室布置常换常新，班级推出每月更换一次的制度，如果第一次负责德育模块、第二次就负责智育模块，这样一学期轮流交换，每个月每个小组负责的模块都是不同的，一个学期每个人参与了所有模块的实践。

同学们听着我的介绍，脸上的神情变得兴奋起来了。

"教室如何布局呢？请同学们进行小组讨论。"我又抛出问题，引导学生思考。

一瞬间，教室里气氛活跃起来，很多学生边抬头环顾教室四周，边用手比画着谈自己的设想……最后，根据教室每个角落的特征，又综合大家的想法确定了教室的布局：在黑板报的一侧安排德育模块，另一侧安排智育模块；在两扇窗户的中间设置一个大绿板为美育模块、体育模块，展示同学们的作品；教室储物柜上面的平台划为劳育模块。

至此，经过一个多星期的调查和讨论，六（10）班"我为教室'美容'方案"正式出炉了。我要求同学们在十一长假回来的一周内完成新一期的教室布置。

十一长假期间，我接到了几位小组长的咨询："老师，我们可以网上购买东西来布置吗？"我问："钱怎么来？"他们说先用自己的零花钱垫上。我应允了他们的想法和做法。

十一长假回来，全体学生都带着各自准备的材料来到学校，课外活动时间，我们全体师生齐动手，开始真正为我们的教室"美容"。这次活动的开展，不仅增强了学生对班集体的热爱，而且提高了学生之间的合作意识，提升了班级凝聚力。

虽然是同学们初次体验，有的地方还不够理想，但是看到各小组成员在组长的带领下，人人参与完成布置任务而欣慰，也为他们在完成任务的过程中得到了锻炼而高兴。

此后，班级的每个人都成了班级的"美容师"，学生们每个月翻着花样布置教室，德智体美劳内容丰富的墙面文化潜移默化地影响着每个学生。在这样的氛围中，同学们发自内心地说："我们的能量教室真美丽！""我觉得教室就是我发挥想象的空间，在家里实施不了的设计，在教室里都实现了！""我真喜欢我们的能量教室！"

当然，作为一位班主任，我也在和同学们一起成长！

（作者：上海市青浦区实验中学　姜南）

"心语"信箱成了心灵沟通的那道彩虹

刚接手预备年级，一张张稚嫩的小脸，还没有褪去孩子气，每天总有人来汇报："老师，小明拉佩佩的小辫子，把佩佩弄哭了。""老师，同桌借我的橡皮不还，还骂我是小气鬼。""老师，昨天小马值日逃跑了。""老师，老师……"每次，我都不得不停下正批改的作业去处理。事后，我也要求班干部加强班级的日常管理，班级里同学之间发生小摩擦，要主动劝解。

接下来的一段日子，耳根清净了，但是总觉得缺了点什么……

一天晚上，我突然接到雯雯妈妈的电话，她的情绪有些激动，原来是小陆同学多次在上课时踢雯雯的凳子、戳她的后背。雯雯不敢告诉老师，在家里闷闷不乐，家长觉察后问出了原因。虽然此事后续妥善解决，但处于被动，我要想办法，不让类似事件重演。

1. 召开班干部会议，倾听真实的声音

为了能真实了解班级的情况，在每周五班干部例会上，我引导班干部客观地评价自己的工作以及班级的近况，班长说："我带头遵守纪律，以身作则，并督促同学们。"学习委员说："在学习上，我认真完成作业，能主动帮助其他同学解决学习困难。"劳动委员说："每天检查值日生工作，做到班级卫生不扣分。"纪律委员说："做眼保健操时，同学们都很守纪律，认真做。"……在交流中，我也感受到这些班干部在班级中发挥的作用。对此，我给予了充分肯定："营造一个好的班级环境离不开一支能力强的班干部队伍，谢谢你们为班级付出的努力。"

班干部被夸奖后，个个露出舒心的笑容，我略带深沉的口气问："班级的近况是否一点问题都没有呢？"班长故作轻松地说了一句："没有问题啊！都挺好的，老师您放心。"说完，就回避我的眼神。我紧盯着追问："你们是不是'报喜不报忧'呢？"他们几个你看看我，我望望你，沉默不语。我察觉到老实憨厚的学习委员小戚有点欲言又止的样子。我顿了顿说："班干部的职

责，第一，要以身作则，这点大家做得很好，我很欣慰；第二，要对班级发生的各种事情及时作出正确的评价和引导，我希望你们个个是我的好助手。"班干部们纷纷表示愿意为班级多做一些事。这次班干部会议就这么结束了。

第二天，我在学习委员小戚的作业本里意外收到了一张小纸条："老师，如果每次班级的大小事都向您汇报，会被同学们说成是'密探'，也会被孤立，这样也不利于团结。所以，大家不敢说。"我为小戚能够跟我说出心里话暗暗高兴，他的这番举动也给了我一个灵感，何不建立一个班级信箱，引导学生反映班级的真实情况呢？这样不仅可以及时掌握班级动态，而且也能跟学生进行很好的沟通，当然也避免了同学之间产生矛盾，这是个好办法。心动不如马上行动。

2. "心语"信箱初落成，心愿即将被开启

在周一的班会课上，我打开快递盒子，全班同学个个睁大眼睛好奇地注视着。随即，我拿出一个信箱，请班长和生活部长贴上"心语心愿"四个字，我提了提嗓子，声情并茂地说："同学们，我们每个人在成长路上都会遇到很多烦恼，或许这些烦恼就是我们成长的意义。我愿意做你们的知心姐姐，这是班级新建立的'心语'信箱，所谓'心语'就是你我之间的心灵沟通交流，我欢迎同学们'知无不言，言无不尽'，我希望'悄悄话'能够滋润着我们心灵的成长。"在孩子们充满期盼的眼神中，我也读懂了他们的心思。

接着，我不紧不慢地介绍了"心语"信箱的使用方法。信箱内容分两部分：一是反映班级的情况，好人好事和班级问题；二是反映个人遇到的困惑，也可以是对于某件事的感想、心情等，可以不署名。每天放学后，由班主任开箱收集信件，通过回信或者是面谈形式反馈。先由班长担任信箱看护员，确保没人擅自开启或恶意破坏信箱。

在同学们的注视下，我请班长将"心语"信箱挂在教室后墙门的旁边，信箱是用木材做的，外面贴上了彩色的纸，就像彩虹一般，挂在墙上格外引人注目。我带头引导孩子们以热烈的掌声欢迎新成员的到来。

3.聆听花季花开声，成长路上心相随

之后，每天我都会打开信箱，取出当天的"心语"，一张张细细读来，果然看到很多孩子不为人知的一面："有个别同学午餐浪费粮食……""预备铃响了，有的同学还在教室外晃悠……""有几个同学在周末打游戏，还在课余时间高谈阔论……"孩子们反映的每一件事，我都慎重给予关注，并采取一些恰当的方法予以解决。

不仅如此，学生还通过信箱向老师吐露了心中的烦恼。

"爸妈离婚了，没人管我，没人爱我！"没有署名，上面画着一个痛苦的表情。我心头一颤，孩子需要关爱。根据字迹，我判断是小伟写的。我从小伟妈妈那里得到信息：他们夫妻协议离婚，孩子归父亲带，父亲工作忙，无法顾全孩子，又不让母子俩见面，所以给孩子带来了伤害。于是，我约小伟爸爸进行了一次沟通，我希望家长应该一切为了孩子，抛开大人的恩怨，给孩子一个有利于成长的环境。最后，小伟爸爸同意小伟暂时住到妈妈那里。我也给小伟写了一张纸条："亲爱的小伟同学，虽然爸妈分开了，但是他们依然爱着你。你必须勇敢地承受这一切，春天的花和冬天的寒冷都是色彩缤纷的人生。"心与心的交流，帮助小伟疏解了烦恼。

"老师，负责这期黑板报的两位同学一直忙自己的事情，只有小羽一个人在出，没能按时完成。但是你只批评了小羽，我觉得你做得不对。"看到这张纸条的内容，我重新审视工作中的不足。在全班同学面前，我为自己未查实原委错怪小羽而真诚道歉。人非圣贤，孰能无过？跟学生保持一份平等，换一副微笑的面孔，讲一口温存的话语，对学生多一些宽容理解，对自己多一些批评，做学生的良师益友，畅所欲言，何乐而不为？

4.信箱里的悄悄话，故事未完静待续

打开"心语"信箱是一件有趣的事情，孩子们从起初害怕开信箱，到如今期待着打开。写的内容也越发丰富："教室里的水仙花开了，真好看。""小

欢悄悄把窗帘布绑带拿回家洗了，没想到他还是个细心的娃呢，嘻嘻！""前两天和妈妈顶嘴了，在'冷战期'，可看见妈妈早早起床给我包小馄饨，眼泪就掉下来了。今晚回去我要抱抱她，我是不是到青春期了？要改一改（自己的行为）。""快到大合唱比赛了，我们每天都在排练，很累，但是很开心啊。老师，我们会给你一个惊喜哦。"孩子们有一双发现美的眼睛，对于好人好事，我会加以表扬，树立榜样。孩子们也有一颗感恩的心，我则精心培育，小心呵护。

就这样，教室的"心语"信箱真的成了师生之间心灵沟通的一道彩虹，架起了师生情感沟通的桥梁和纽带。它让我了解了学生的思想、兴趣和爱好，了解了整个班级取得的成绩，以及出现的一些问题，同时也让学生感受到老师对他们的关注和尊重。教育的本质是一棵树摇动另一棵树，一朵云推动另一朵云，一个灵魂唤醒另一个灵魂。关注学生的精神世界，多一些聆听与理解，亦师亦友，该有多幸福。

（作者：上海市毓秀学校　龚赛华）

攻略 2 / 学生能力培养攻略
——呈现主体作用

班集体的建设过程，是一个教育学生、锻炼学生主体性的过程。在这个过程中，班主任应着力培养学生主人翁意识和集体荣誉感，注重建立平等、融洽、和谐的师生关系，激发学生自我完善的欲望，让学生在自我教育中学会管理自己，进而发挥每个学生的主体作用，促使良好班风的形成。如何基于班集体建设需要，发掘学生潜能、培养学生能力呢？本部分将从学生德行发展的角度着眼，聚焦班干部的选拔和任用、课代表的培养、值日生的教育来阐述。

学生德行发展的目标

学生德行的发展涵盖强健的身心、正直的品质、担当的精神、勤奋的习惯、创新的能力等方面，其目标的具体内涵如下。

第一，强健身心。学生具有健康的身体和良好的心理素质，能掌握适合自身的锻炼方法和技能；具有安全意识与自我保护能力，养成文明的行为习惯和生活方式；具有自制能力和抗挫折能力，能调节和管理自己的情绪等。

第二，正直品质。学生能正确处理自我与社会、自我与自然的关系，履行和遵守现代公民必备的道德准则和行为规范；敬畏法律和纪律，自觉遵纪守法；毫不妥协地维护公平和正义，敢于并善于同不良风气和坏人坏事作斗争。

第三，担当精神。学生能正确认识自己的权利和义务，并为个人言行承担责任；认识和发现自我价值，有效管理自己的学习和生活；尊重、维护他人的人格尊严，关切他人的生存、发展和幸福，乐于助人、乐于为社会作贡献。

第四，勤奋习惯。学生具有良好的劳动态度和劳动习惯，掌握一定的劳动技能；乐学善学、勤于反思，合理分配时间与精力，主动参加家务劳动、公益活动和社会实践；依据自身条件正确评估自我，有明确的学习方向。

第五，创新能力。学生具有理性思维、信息意识、效率意识和动手操作能力，以及批判质疑、勇于探究的科学精神，通过自我管理达成目标的持续行动能力；在实践活动中，善于发现问题，对方法、工具、程序等进行改革创新。

班干部的产生和培养

班干部的产生方式，一般有任命、选举和竞聘三种。班主任可根据班级组成的不同时期，或采取一种方式，或将几种方式结合起来。如先阐明班干部的岗位职责，让学生自己报名，再组织演讲，内容包括工作设想、工作能力、人气、才艺特点等，然后由全班无记名投票选举。这样产生的班委会在班级管理方面有亲和力。

在分配好班干部的工作后，班主任应着重培养他们树立职责意识、自律意识、平等意识和竞争意识，让每个班干部都具备责任感。同时，通过定期召开班务会，指导班干部开展工作，并结合具体任务培养班干部的组织能力，提高他们的工作水平。这一过程，可采取"三步走"策略。

第一步，扶着走。班委会组建之初，班干部大都缺乏经验，这时培养班干部的关键一环是抓好每项工作的"第一次"，如第一次主持班会，第一次带领同学劳动，第一次负责集体外出郊游，第一次讲评班级情况，第一次和同学个别交谈等。这每个"第一次"的成功，对于班干部的成长至关重要。班主任要通过言传身教，做好示范。

第二步，领着走。在班干部有了一定的工作经验后，班主任要逐步松开手，从搀扶改为引路。此时的关键是事前指导，事中点拨，事后分析。班主任可以利用每周的班干部会议，组织交流、评述，给班干部一个互相学习、借鉴的机会。

第三步，放开走。在班干部熟悉了自己的岗位职责后，班主任可以慢慢放手让他们自主履职。这个时期的关键是给予充分的信任和鼓励，让班干部在实际工作中得到锻炼。此时，民主评议要作为监督班干部工作的重要措施，班主任要帮助他们树立威信，完善自我。为此，应经常教育班干部严格要求自己，树立服务精神，在各方面做好同学的表率，以出色的工作赢得同学们的信任。

问题解析

怎样引导班干部处理好工作与学习的关系，让学生愿意当干部

小学生小 C 经过选拔担任了班干部，可是一个学期下来，他的学习成绩有所下滑。小 C 妈妈就与班主任联系，提出不要再让小 C 当班干部，她认为自己的孩子眼下最重要的事是抓好学习，当班干部要经常开会、搞活动，会耽误学习。对此，班主任该如何处理呢？

这个问题不仅小学有，而且初中、高中也都有。有不少学生，特别是那些成绩好、能力强的学生，或是受家长影响，或出于其他原因，认为当班干部会影响学习，所以很不愿意当。其实，学生不想当班干部的原因无非有两个：一是当了班干部以后，特别是当上班长、生活委员、纪律委员的，工作任务重，更可能会影响学习；二是当了班干部，找不到任何成就感或自豪感。对此，传统的一套班级管理方式需要改变，班主任应积极探索学生的自主化管理。其基本理念是：让每个学生成为班级的主人，主动参与班级管理，形成在班主任指导下，以"自主、合作"岗位责任制为核心的运行模式。班级学生自主化管理的运行步骤如下。

1. 建立岗位责任制，发挥班委会的集体作用

俗话说，火车跑得快，全靠车头带。一个好的班集体，班干部的作用至关重要。作为学生的带头人、全班的核心，班干部既是联系班主任与同学的桥梁和纽带，又是班级各项工作的骨干。因此，选好班干部、激发班干部的工作热情，是班集体建设的重要一环，建立干部岗位责任制、发挥班委会的集体作用是班风建设的关键。

2. 设立多个职能部，打造班级文化

班级可根据实际需要设立职能部，分管具体事务，如学习部、宣传部、文艺部、劳动部、卫生部、体育部、礼仪部、纪检部等，每个部由 4 至 6 人组成。各部人员的组合，要注意男女、学习基础，以及个人性格、爱好、特长等的搭配，并在学生自荐和推荐相结合的基础上产生部长。职能部实行部长负责制，以此建立自主管理机制；部长也可以轮流，以充分发挥不同特点学生的互补性。班主任则围绕这三个方面指导各职能部门的工作：一是思考本部门的存在价值，二是确立本部门的工作目标，三是每个人能为团队作出哪些贡献。由此引导学生理解自己工作的价值和意义，增强对团队的认同度和归属感。

3. 创新服务岗位，增强责任意识

实行学生自主化班级管理，旨在建立"事事有人干，人人有事做"的运作机制。对此，班主任可首先引导学生在职能部内寻找适合自己的岗位，并发动全班通过主动观察，发现班级里有哪些"小家务"需要有人去做，进而将其设为"小岗位"——因人设岗，如班级的护绿员、节能员、时事播报员等。然后，师生一起探讨，为这些新岗位制定职责，包括工作任务和操作要求，再面向全班进行"招标"。这样，学生可以通过岗位锻炼，增强责任意识，培养管理能力，逐步养成自觉遵守班级制度的好习惯。

4.实行轮值班长制，增强管理体验

轮值班长制即全班每人轮流当一天值日班长，让大家都有机会体验班级事务的管理。具体方法是：学生按学号次序担任轮值班长，协助班长督促、检查各部门每天的一日常规工作，写好当天的班级日志，包括优点及不足。第二天晨会课时，由该天轮值班长宣读昨天的班级日志，以促使人人通过他人评价，学会认识自己和评价自己。实行轮值班长制，使人人都能参与班级管理，在管理他人与被他人管理，服务他人与被他人服务中，体验和感受权利与责任、权利与义务的内涵，以及两者之间的辩证关系，懂得行使权利就必须承担相应责任，享受权利的同时就要履行义务的道理。

这样的运行模式，这种用自我教育力量管理班级的理念，呈现了学生的主体作用。

一位新教师接手了一个新班级，经过一段时间的了解，他发现班里的班干部管理能力不强，于是想采用竞选的方式重新选拔班干部。但是这个班级学习成绩与品行均可的学生中，却没有一个人敢于参选，而活泼好动的学生中，有些虽然成绩尚可，但不能服众。这位新班主任担心完全采取民主选举的办法会带来一些问题，因而陷入了不知如何选拔培养班干部的境地。

对于新接手的班级，不少班主任会重新组建班干部队伍，这也许无可厚非。很多班级都是每年选举一次班干部，这正是教育学生的契机，这位班主任的担心是多余的。如何抓住重选的契机，培养得力的班干部，对此我提出如下建议。

1.宣传教育，让学生理解干部选举

一要引导学生对班干部这个角色有正确的认知。能当上班干部，不仅仅代表自己拥有了一种荣誉，而且让自己有了一个为大家服务的机会，更锻炼了自己。从培养人的意义上说，班干部不能总是那么几个人，采用轮换制可以让每个同学都有当干部的可能。二要培养学生拥有一种能上能下的心态，并逐步形成竞聘机制。班主任还要教育学生达成这样的共识：每年选一次的班干部轮换制并不是大换班，只要得到大家的认同与拥护，原来的班干部可以连任。

2. 开展活动，了解每个学生的特点

为了发掘潜在的干部人选，班主任可以组织学生开展一些集体活动，如"我为班级献良策""夸夸同学的优点和长处"等。通过一系列活动，发现每个学生身上的闪光点，并从中观察那些有头脑、有能力、有口才、有吃苦精神、有自信心、有主人翁意识的学生，为扩大班干部人选面奠定基础。

3. 公开竞聘，组建新一轮干部队伍

班主任向全班公开每个干部岗位的职责，动员学生报名，并组织竞聘者人人演讲，然后再由全体学生通过无记名投票、差额选举，产生班干部（一般为六人）。至于班干部的具体分工，不必在选后急于公布，班主任可以结合班委会成员的特点与特长，经过协商、微调后，再宣布每名班干部的职务。

4. 重点培养，帮助班干部树立威信

班干部的能力，应该是在工作中慢慢培养、锻炼出来的。新的班委会组建后，班主任要引导他们尽快熟悉自己的岗位，明确自己的职责。在每周的班会上，班主任可以让每名班干部向大家汇报自己的工作，总结经验，找出存在的问题。然后，班主任进行讲评，重在表扬，对不足处给予指导。这样有利于提高班干部的工作能力，也能帮助他们树立威信。

如何指导课代表做好任课教师的助手

一位班主任曾经为学生不交、缺交作业的现象所困扰：英语课代表反映，有些同学借口本子落在家中，实际是为忘记做作业找借口；数学课代表说，有的同学每次遇到不会做的题目，自己不思考，交作业时急急忙忙把同学的本子拿来抄；语文课代表抱怨，每天早读课铃声响了后，还是有部分同学忙着来回交作业，课堂秩序受到干扰。这些问题该怎么解决呢？

课代表是各科任课教师和学生之间的一座桥梁，既是学生的代表，也是教师的助手。学生不能按时交作业，除了学习有困难（少部分人），也和课代表的工作有关。因此，班主任要引导课代表明确自己的职责，调动他们的积极性，提高他们的工作能力，发挥他们的作用，帮助课代表做好同学的代言人，成为教师获取教学反馈信息的关键性通道。在此，提出如下建议。

1. 彰显课代表角色功能

为了让课代表明确自己的岗位特点，班主任可提出一些具体要求，以彰显课代表角色的应有功能。

第一，上课认真听讲，积极回答问题，做同学的表率。

第二，每天早晨到校后，就整理同学交来的作业本，对没有交的，做好"情况说明"。早读前，将作业本送至教师办公室，并附上未交者名单。

第三，按照教师要求，做好课前准备工作。上课预备铃响后，巡视教室，检查每人的书本等学习用品是否备齐。

第四，积极配合任课教师教学，认真完成教师委托的工作。

第五，当好师生之间的联络员，及时传达教师的意见或要求，反映同学的建议或困难。

第六，根据任课教师安排，向全班同学发放学习资料或提供相关作业，当好"小先生"，为同学服务。

此外，如果班级里有课外学习小组，课代表还需要做好相关组织工作。

2.加强课代表履职培训

课代表的培训，重头是一些具体的操作性事务。班主任可基于对课代表角色功能的解读，提出相应的工作要求，让他们明确应该做哪些事、怎么去做。比如，收齐、交作业的流程问题，不妨根据班级自身的实际情况做一些明确而带有一定灵活性的规定，让每个学生、每个学习小组都能照章办事。一次培训集中于解决一个突出问题，通过集思广益找到问题的解决方法，由此提高课代表的工作能力。其间，班主任要注意适时给予表扬和鼓励，让课代表觉得为老师做事是一种荣誉的体现、能力的体现，从而更好地开展工作。

3.拓宽课代表工作内涵

课代表做好自己的常规工作，为任课教师减轻工作压力，但仅仅这样还不够，课代表可以做得更多一些、更好一点。为此，班主任应引领课代表拓宽思路，创新方法，丰富自己的工作内涵。如组织全班交流学习方法与经验，开展学科知识竞赛；还可以结合学科特点，举办益智类活动，如英语学科的小剧场演出，语文学科的古诗词诵读等。创新形式多样的启智慧学活动，不仅能提高课代表的工作能力，而且可以激发全班学生的学习积极性，营造良好的班风学风。

如何教育学生做好值日生工作

一位小学班主任曾经为班级的卫生工作做得不好而烦恼。这个班级学生自一年级进校后，就一直存在乱扔垃圾、对座位周围遗留的垃圾视而不见或不及时处理等不良习惯。班主任一开始也采取了一些措施，要求每个学生自备小垃圾袋，发现垃圾及时捡、及时扔，还通过午会课、道德与法治课、班队活动课进行教育，甚至和学生们一起做，手把手地教他们扫地、收拾垃圾。之后，又表扬做得好的学生，并联系家长，培养孩子养成做家务的习惯。一段时间内，班级卫生情况有所改观，但是好景不长，总有一些学生不是逃避做值日生工作，就是做起来拖拖拉拉、敷衍了事，地面扫不干净，桌椅总是排不齐。问题是这些情况并非个别学生存在。那么，如何教育学生做好值日生工作呢？

值日生工作做得马虎，究其原因，主要有两点：一是缺乏责任意识，二是缺少适时引导。值日生的工作比较单一，大多是一些机械性劳动，学生把它看作一种负担。教师对学生的工作表现没有加以点评，时间长了，学生的劳动成绩得不到认可，当然会失去值日的积极性。对此，班主任不妨尝试如下做法。

1. 制定岗位职责，明确要求

在班级的值日生表里，除了工作任务、打扫时间和责任人，还应有岗位职责，内容可以围绕卫生合格的标准，从教室每一处的洁净程度到卫生工具的摆放等，由班主任和学生共同商议，制定原则要明确、细致、无歧义、有操作性。如关于擦黑板的要求：每节课下课就擦黑板，擦过后应看不到字迹；中午和下午分别清理一次黑板槽，做到无积尘；黑板擦使用后，及时清理上面的粉尘；放学后用湿抹布清洗黑板，抹布用后要拧干并放回原处。这样，不仅解决了学生"该怎么做"的问题，让值日生操作有章可循，而且还可以规范"该怎么查"，有助于培养学生认真严谨的工作作风。

2. 落实岗位到人，分工精细

班主任可根据学校安排将班级卫生工作分成教室（寄宿制高中还包括学生宿舍）、校园卫生包干区等几部分，做好规划，合理安排人员，分别负责，并绘制成表格；做到全面有序开展，不留死角，不间断。

首先，将全班分为若干个值日组，教室及室外区域分成若干部分，每个值日组将卫生工作落实到每一个学生，如室内的电扇、灯管、墙壁、黑板、门窗桌椅、地面，全都有专人负责。

其次，合理安排打扫时间，做到张弛有度。如规定日常保洁由每个学生负责自己座位周围的卫生，每天放学后由当天值日组按要求打扫教室卫生，每周五大扫除一次，一组负责一周。

再次，严格常规检查，上课期间保持教室环境整洁，遇有不洁及时清理，不允许留待放学后处理；值日生工作实施小组长负责制，责任到人，实行公开监督、卫生委员全面监察制。

3.加强岗前培训，锻炼能力

打扫卫生的能力，是学生一生中不可缺少的一种必备的生活能力，班主任也要重视培养学生这方面的能力。首先是教给学生打扫卫生的方法，可以在学生上岗前把每个岗位的职责任务、操作要求和关键环节予以详细说明，让学生知道"应该这样做""不能那样做"，然后让学生在实践中体验与锻炼。班主任指导时可分别召集每个"工种"的学生围聚在一起，做简单的培训。如让某个学生先行操作后，大家再评议，指出问题，提出规范的做法。经过一个阶段的实施，对发现的问题再进一步改进，让学生在培训中互相切磋，取长补短，逐步提高自己打扫卫生的能力。

4.借助活动推进，彰显价值

即便采取了上述措施，还是会出现少数值日生工作不积极的情况。对此，班主任可以借助一些活动加以推进，以彰显劳动的价值。例如召开"我是班级值日生"主题班会，通过情景思辨、互动讨论、自我反思等形式，引导学生懂得当好值日生是爱劳动、爱集体的表现，培养学生岗位责任感，强化学生主人翁意识，激发学生乐意为班级荣誉作贡献的积极性，并以此进一步提高学生的相应能力。又如将值日生工作延伸至家庭，可引导家长把家务劳动作为家庭教育的基本内容，安排孩子帮父母做饭、洗碗筷、洗衣服、打扫卫生、整理家中物品等简单的家务；同时创造条件，让孩子主动学做一些力所能及的自我服务型劳动，使他们通过实践体验获得必要的生活知识和劳动技能，以此培养他们的责任心和自理能力。再如，定期在班级里由学生自主评选"示范岗"和扫地能手、擦黑板能手、擦窗能手等"岗位能手"，以及"劳动小达人"，用激励机制培养学生爱岗敬业精神和尊重他人劳动成果的意识，让学生在各自岗位上体会劳动带来的幸福感和成就感。

只要班主任周密地规划与实施以上工作，相信班级的值日生工作一定会大有改观，学生的劳动意识和能力也会有明显的提高。

案例链接

以"小岗位，大责任"培养小学一年级新生的自主管理能力

如今的孩子，都是蜜罐里长大的。家里的六个大人围着他一个人转，饭来张口，衣来伸手。很多家长更关注孩子智力的培养，他们觉得孩子进入小学后，只要学习好就行。于是，一年级新生进入小学后，吃饭不会用勺子、上课听不懂铃声、放学不会整理书包、出操不会排队………隔代的溺爱、不科学的教养方式使孩子们逐渐养成了以自我为中心的思维习惯。面对这种种现状，怎样让这些"小皇帝""小公主"尽快适应小学的学习生活，有集体意识并热爱集体呢？如何在班级管理中培养这些养尊处优的孩子的自主管理能力呢？作为一个小学低年级的班主任，我开始了自己的尝试探索。

1. 精心设计、共同营造孩子们喜欢的家——"小蚂蚁乐园班"

面对孩子们不适应小学学习环境和学习方式的问题，我首先想到尽快缩小幼儿园与小学在物理环境、学习环境和心理环境方面的差距，想方设法把教室布置成一个孩子们喜欢的温馨的家。

在家长的支持与配合下，我用心把教室的环境布置得特别温馨，摆放了一盆盆绿色小植物、自制的小书橱、讲台抽屉里的餐巾纸、小抹布等；讲台上笔筒里面有十几支卷好的铅笔，供孩子们随时借用；我还为孩子每天准备好一次性杯子，方便他们使用；为了营造学习氛围，努力让每一块墙壁会"说话"：墙上贴着争章轨迹图表、各色英语评价花、孩子们的优秀作品展……很快，孩子们都喜欢上了这个新家。

为了让孩子们从心里真正接纳自己的班级，产生亲近感，增强自豪感，我就发动全班小朋友为我们班级取一个富有童趣的班名。如，现在的一（1）班就有一个响亮的班名——"小蚂蚁乐园班"，寓意：幸福快乐小蚂蚁，团结起来力量大，表明了孩子们积极向上的意愿。我还发动孩子和家长一起设计了形象可爱的小蚂蚁做班徽，孩子们都非常自豪地称自己是只小蚂蚁。在此基础上，引导孩子们在友谊班小辅导员的带领下一起制定了班级学期奋斗目标。目标是任何管理活动的起始环节，目标是前进的方向，也是前进的动力。在班级管理中自主设立合理的目标，让孩子们在达成目标的过程中不断进取。

2. 设计"小家务"，认领小岗位，制定岗位责任——共同建设温馨的家

要想把这个新家建设好，让孩子们在实践中认识到自己的真实存在，唤起他们的自我主体意识，做好各类"小家务"是必不可少的。我清楚地意识到，要创建一个温馨的班集体，就要在日常的班集体管理和活动中，逐步引导每个孩子在集体中甘于奉献，乐于服务。

我始终把班集体作为孩子们温馨的家。在开学的第一周就引导孩子们主动去观察、去寻找我们的"家"里有哪些"小家务"，然后把"小家务"设计成一个个小岗位：本子收发员、桌椅小卫士、地面保洁员、午餐管理员、路队长……引导孩子们在小岗位上学做"小家务"，为自己的"家"尽其所能。

孩子们对小岗位感到很新鲜，却不知道自己的岗位职责是什么。于是，我和友谊班的小辅导员兵分几路，和孩子们一起交流、探讨——制定每个小岗位的职责，尽量具体、明确，让孩子们明确自己该如何做好小岗位工作。例如，节电员——及时开关日关灯和电风扇，早上出操、去专用教室上课前，必须保证关闭日关灯和电风扇。路队长——每天放学整好路队，拿好路牌，把路队带到规定的区域。黑猫警——管理好早读和午休时的纪律，发现违纪的同学及时提醒，给守纪律的同学颁发纪律星。本子收发员——收齐小组同学的本子，有序整理好交给老师。

学做"小家务"活动得到了家长的支持。一个星期后，在家委会成员的支持和帮助下，每个孩子的桌上摆上了属于自己的第一张"名片"——小岗位名称与自己的姓名。看到这张名片，孩子们激动而自豪，它时刻提醒孩子们努力履职，为班集体贡献自己的一份光和热，让孩子们用心去体验和品味工作中的挫折与获得的成功体验。

在孩子们参与"小家务""小岗位"角色体验的过程中，我还有针对性地采用了一帮一、行为示范、与小辅导员结对等方法，培养孩子们的工作能力、服务意识和责任感。例如，午餐管理员首先自己要清楚盒饭盆、汤碗该如何摆放，所以，在岗位认领后的两天里，我和配班老师亲自操作。其次，我看着午餐管理员指导其他孩子摆放餐具，发现问题，及时提醒。最后，我开始不定期抽查。

我还把任课老师、家长、友谊班哥哥和姐姐的各种资源都利用起来：数学老师教会本子收发员如何有序地整理好本子交给老师；体育老师让出操队长的口令喊得像模像样；家长教会植物小管家如何浇水；友谊班的哥哥、姐姐在放学后来班级辅导值日生做好值日工作……就这样，孩子们由扶着走，到跟着走，最后学会"独立行走"，逐步培养了主体意识与合作精神。

为了培养孩子们自主管理的能力，我随时用手机记录下孩子们第一次打扫干净后的教室，收齐的作业本，整理好的饭筐，并在家长会上展示。家长们既惊讶又自豪：家里那个娇惯的宝宝，怎么到了小学会做事了，而且做得那么好，还能坚持着做。

3. 评选"星级管理员"——激发自主成长

为了避免三分钟热度现象，更为了让小岗位活动能够更好地开展和延续，我还在班级里实施了"星级管理员"的评选激励制度，特别重视孩子们的自我评价，以及小组里的相互评价。当选为"星级管理员"的孩子的名片上就能贴上一颗星，当他获得五颗星时，就能当选"五星级管理员"，同时获得"岗位之星"的称号，就可以优先自主换岗。

温馨、快乐的班集体创建就这样在不知不觉中融入了每个孩子的心灵，班集体真正成了孩子们自己的"家"，一个自己"当家做主"的"家"。实践证明，小家务的设立，丰富了班级管理的角色，不仅能增强孩子们的集体意识和班级的凝聚力，而且能使孩子们获得班级管理主人的积极体验，从而尝试主动参与班级管理，并从管理者的角色中学会管理他人、学会自我管理。

（作者：上海市青浦区实验小学　王芳）

班干部是这样炼成的

"小倪，你们班级出事情了，A和B吵起架来了，A还把B的本子撕了，教室里一团糟，你培训结束后，速回校处理这件事。"我正在区里参加班主任培训，突然接到学校德育教导的电话，被告知班级发生了学生起冲突的事件。挂掉电话，我的内心非常烦躁。临走前，我千叮咛万嘱咐班干部们要管好班级，没想到还是发生了这样的事情。

　　这种现象已经不是一次两次了，每次当我外出培训学习，班级里总会闹出这样那样的事情。哎，学生不自觉，班干部又不得力，该怎么办？我向学校有经验的班主任讨教，他们给我的建议是，对于班干部不仅要叫他们做事，更要教会他们如何做事。经过反复思考，我决定好好培养班干部这支队伍。

1. 开展小调查，摸清班级状况

　　首先，我要了解目前班干部的工作状态和同学们对他们的评价。于是，我开展了一次小小的民意调查，围绕"班干部是否有责任心""班干部是否在学习和生活中起到带头作用""班干部是否跟同学相处融洽和谐""班干部是否能够正视自己的错误""班干部的工作是否令你满意""你希望班干部是怎样的""你愿不愿意当班干部"等问题，通过不记名的方式进行问卷调查。调查显示，班上的同学对于班干部的行为怨声四起，具体表现在这些方面：有的班干部自私，在管理班级时，让其他同学不要说话，自己却经常大声讲话；有的班干部不自觉，说粗话、脏话；有的班干部对同学很凶，常常欺负其他同学；有的班干部总是指挥别人干事，自己不做等情况。但是有九成学生表示还是愿意做班干部。这次的民意调查暴露了很多班级问题。我心想，发现问题未必是件坏事，正好可以作为班级教育的素材，而且学生当班干部的愿望很强烈，我必须因势利导，做好班干部的培养工作。

2. 组织讨论会，引导正确舆论

　　为了让孩子们真正了解班干部的职责，我组织了一次"假如我是班干部"的主题讨论会，引导孩子们畅所欲言，谈谈自己的想法。在好胜心和强烈表现欲的驱使下，孩子们跃跃欲试、踊跃发言：

　　假如我是班干部，我会耐心地去帮助学习差的同学，给他们讲解不会做的题目，不会对着他们大喊大叫，骂他们是"笨蛋""白痴""活宝"。

假如我是班干部，我会给同学们做出表率，按时完成作业，按时交作业。不会像我们班有些同学，星期天不做作业，到星期一来上学，才争分夺秒地做作业。

假如我是班干部，我的好朋友做错了事，我不会去包庇他。

假如我是班干部，我不摆官架子，更不会仗着自己权势大而欺压同学。

假如我是班干部，我会……

渐渐的，在孩子们的言语中，孩子心中的良好班干部形象初步形成。

在孩子们发言过程中，我也隐约感到几位班干部面部表情的变化，他们能够意识到自己的不足，这正是最好的教育效果。

在孩子们讨论之后，我意味深长地问："班干部在管理班级时，如果指出某个问题，同学们要不要积极配合呢？""应该积极配合。"孩子们异口同声地说。"嗯，你们非常明理，真棒！今天就讨论到这儿，老师希望我们班的班干部都能成为同学心中所期待的样子！"说罢，我环顾四周，朝几位班干部投去信任的目光。

3. 指导开展工作，增强责任意识

由于工作的惯性，目前班干部工作能力不强，因此没有得到同学的认可，我想需要从指导他们开展工作入手。于是，我利用周五的中午时间召开了班干部会议。在会上，我大致反映了班级小调查的情况，指出了目前班干部身上存在的问题，说明了"班级民意调查"正是班级民主评议监督班干部的一条措施，有助于班干部以身作则，发挥示范带头作用。同时，我也鼓励他们有问题并不可怕，可怕的是意识不到问题，或认识到问题不去改正，这样的班干部是不受同学欢迎的。只有我们振作起来，改进工作，一定会赢得同学们的认可。听完我说的话，班干部们原本低着的头慢慢抬起来了，紧张的情绪得到缓解。

"你们说说看，工作中有没有遇到困难或问题？"我的话音刚落，大家开始讨论："有时叫同学参加小组活动，可是有的人不听。""有时同学之间闹矛盾了，我去劝了，他们根本也不听。""有时同学问我要作业抄一下，我不知道该怎么做。""看到同学们大声吵闹，我就没有耐心，只好对他们凶，现在我知道这种做法不对。""我发现同学吃零食，上前阻止，还被他骂了。""嗯，大家也说出了自己工作中的苦闷，老师要告诉你们的是，工作方法可以多种多样，但是首先要以身作则，要求同学们做到的，自己首先要做到，用自己的言行在同学中树立威信。其次，一个人的力量是有限的，班干部要团结一心，齐心协力，共同解决班级问题。最后，要敢于指出班级的问题，但指出问题的同时要表达善意的提醒，用真诚来打动同学们。"我希望大家扬长补短，争取当好一名有威信、有能力的好干部。

这次的班干部会议一改往常的汇报，而是给予他们针对性的指导，我期待着他们在改进中进步。

4. 岗位多磨炼，提高工作能力

过了一段时间，我发现班级的情况大为改观，以往出操都是我要进班带队，现在铃声一响，体育委员便让全班排好队，队伍中只要有同学交头接耳，周围的班干部就会适当提醒；以往出黑板报的速度总是年级倒数，现在文艺委员小严总是催促她的队伍，利用下课和吃中午饭的时间抓紧完成黑板报；以往放学后的值日总会有人"浑水摸鱼"，现在，在劳动委员小曹的带领下，大家都能把教室打扫得干干净净……这些真是班级可喜的变化。

为了让更多的孩子在岗位上得到锻炼，我在班里又增加了几个岗位：植物角的护绿长、课间文明督察员、课桌整理队长等，这样一来，班级里有近20个"干部岗位"，我期待孩子们在岗位磨炼中成长起来。

一学期接近尾声了，我又做了一次针对班干部的民意调查。此次调查结果显示，自从有了监督制度，班干部都积极履行自己的职责，在班级中树立了很好的威信和榜样，大家的满意度很高。经过一个学期对班干部的培养，他们在各自岗位上大有长进。如今，我出去开会或者参加教研活动时，再也不会接到突然的电话了。

作为班主任，我深刻体会到，班干部的培养不是一蹴而就的，学生的才干不是天生就有的，是从实践中锻炼出来的。既要传授他们管理方法，还要帮助他们在班级中树立威信，最重要的是做他们坚强的后盾。小学生都有意愿当班干部，都希望自己被重视、被肯定。我心想着，明年开始要实行班干部轮换制，让更多的人有机会担任班干部，让班级形成一种自觉向上、不断进取的精神风貌。

（作者：上海市青浦区金泽小学　倪霜霜）

临时班委转正记

又一个新学年开学了。今年我接任了六（2）班的班主任工作，按照常规，我先得查阅孩子们的档案，一方面是对全班学生有个大体的了解，另一方面也是要尽快物色几个临时班委人选，使班级工作能够尽快走上正轨。

看着前任班主任的评语，字里行间满满的都是对孩子们的爱和期待，我更感受到教师的责任与幸福感。暗暗想着，我一定会带领孩子们健康成长。浏览之时，我还不忘把几个曾经担任过班干部的学生名字记在了本子上。

开学的第一节班会课是我和孩子们的正式见面会。我要完成两件事：一是每个人进行自我介绍；二是组建临时班委。

"同学们，你们好！我是你们的班主任张老师。今天是我们第一次见面，很高兴有缘成为华新中学六（2）班的一分子，希望在今后的成长路上，大家能够相亲相爱，一起奋进。"在我的开场白下，班级气氛一下子变得温馨。

首先，进入自我介绍环节。我得先让孩子们了解我，于是我特意做了PPT课件，介绍了我的学科，我所带的班级学生，还有爱好等，看着孩子们崇拜、羡慕的眼神，我暗喜，看来我和孩子们的距离近了。紧接着，孩子们逐一介绍了自己的爱好、特长、梦想等。

其次，进入组建临时班委环节。我强调指出："班干部不仅仅是头衔和荣誉，更应该是为班级服务的岗位，不仅可以与同学增进感情，还能锻炼、提升个人的能力。希望同学们本着为班集体服务的思想，贡献自己的一份力量。"听着我的话，有些同学开始窃窃私语，有的若有所思，有的犹犹豫豫，有的面带羞涩，也有少数同学面无表情，似乎眼前的这些事都与自己无关。

我微笑着环顾了全班同学，问道："老师相信你们一定很棒！有哪些同学愿意为班级服务，请举手？"在我的鼓励下，几只小手不约而同地举了起来："我想当文艺委员，因为我喜欢唱歌。""我想当学习委员，我能帮助其他同学学习。""我能当体育委员，因为爱运动。""我愿意当班长，成为老师的小助手。""我当宣传委员，宣传班级的好人好事。"……看着孩子们个个毛遂自荐，我的内心是喜悦的，因为热心为班级服务的思想在孩子们的心里开始萌芽了。

差不多每个岗位都有人请缨，但唯独劳动委员这个岗位没有人自告奋勇，看得出班级学生还是不愿意干"脏、累"的活。怎么办？

"王佳同学，你是个有责任心的孩子，热爱劳动，关心班级，经常看到你精心呵护班级的植物角的身影，植物角是班级的最美一角，谢谢你的付出。"前任班主任的评语闪现在我脑海，我灵机一动，心里的备选人选有了。于是，我非常郑重地对同学们说："班级劳动委员这个岗位虽然比较辛苦，但是，劳动最光荣、劳动最美丽、劳动能创造美好生活！我决定委任王佳同学担任我们六（2）班的劳动委员，老师相信他一定不辜负大家的期望。"我边说边朝王佳同学投去信任的目光。也许是受到了班级气氛的感染，王佳同学怯怯地站了起来，非常不好意思地说："我尽我所能为班级做事。"

在同学们的掌声中，这届临时班委产生了。

接下来的一周，临时班干部在明确自己的工作职责的前提下，走马上任了。我发现，这些班干部工作很投入，不懂时及时向我咨询，同时，他们也竭尽所能地帮助老师和同学，为班级做了好多事。

可是没多久，耳边接连不断传来班干部的反馈声："老师，昨天小强值日没有做就回家了，结果被扣分了。""老师，小李做眼保健操不认真，被扣分了。""老师，小明体育课上跟同学吵闹，我说他，他不听。""老师，小辉课间一直喜欢拉扯同学的衣服。""老师，两分钟课前准备，同学们都不肯配合……"

这些问题在建班初期频繁发生也在我预料之中：一是因为孩子们还没有适应初中的学习生活；二是班级管理的制度尚未形成；三是临时班委的工作能力需要进一步提高。问题暴露出来并不是坏事，恰恰是教育的最佳时机。于是，从第二周开始，我便同步开展班干部培养计划与班级制度制订两项工作。

又是一节班会课，为了锻炼班干部的工作能力，我安排班干部进行一周的工作小结，要求弘扬好人好事，同时指出班级的不足。每个班干部根据工作记录，真实反映了班级的近况。其中，王佳同学反映的问题是班级的卫生问题，同学们扫地不认真，所以每次都被扣分。孩子们听着听着，时而面露喜色，时而眉头紧锁，我能感受到孩子们内心的荣誉感。我因势利导，说："六（2）班是我们共同的家，每个人都是主人，人人要努力做有利于班级的事情，希望大家配合班干部的工作，为班级争创荣誉。我也希望班干部能够以身作则，发挥带头示范作用。"

介于班级卫生问题，我专门召开了班干部会议。就如何进一步做好班级卫生工作商量对策，在大家的齐商共议之下，形成了新的班规：第一，劳动委员督促每天的值日生每天三次清洁教室，一是早上到校后 7 点 30 分前，二是午饭后，三是放学后；第二，值日生组长要提醒组内同学参加值日；第三，卫生委员负责班级日常卫生的检查监督，督促卫生打扫不合格的值日生重新打扫，有特殊情况的，卫生委员要及时参与劳动，培养自己吃苦在前的精神。

接下来的一段时间里，我经常看到王佳同学善意提醒同学们的身影，也看到有同学身体不舒服，王佳同学主动替他完成卫生值日任务的身影。我心里暗暗高兴，我真没有看错人。与此同时，班级里其他方面的问题也逐步减少了。就这样，临时班委干部在跌跌撞撞中不断成长。

一个月之后，班级要改选班委干部，我依然采取竞选、投票表决方式，结果临时班委个个转正，尤其是王佳同学得票最高。看得出，临时班委为班级付出的努力得到了同学们的认可，也树立了威信。

班级固定每周五为班干部例会，进行班干部工作总结与评价，引导他们反思工作得失，在肯定成绩的同时，我会适时给予针对性的指导，强化他们的责任和义务，树立为大家服务的思想，增强团队意识，遇事不推卸责任，更鼓励他们要大胆创新。

一个学期很快过去了，班级各项工作已经步入正轨，良好的班风逐渐形成，一支有服务意识、有责任感、有实践能力、有威信的班干部队伍成了班级的核心和主流。我心里还计划着，等孩子们进入七年级，班级要实行班干部轮换制，真心希望有更多的学生在岗位上得到锻炼。

（作者：上海市青浦区华新中学　张润）

大手牵小手，人人争当劳动小能手

开学至今，几乎每天都会听到学生这样的求助：

"老师，我的作业记录本不在书包里，不知道我妈妈放在哪里了。"

"老师，我的练习册找不到了，我记得放在书包里了。"

"老师，我的铅笔不见了……"

放学值日时，也会看到有些孩子拿着扫帚有气无力地东扫一下、西扫一下，毫无章法，有的甚至连扫帚都不会拿。

这些现象每天都在重演。

二年级的学生，连自己的书包都不会整理，可见孩子的自理能力还需要好好培养。培养孩子的自理能力需要家长与学校全面配合才能奏效，于是，我决定先与家委会的几位家长一起探讨这个话题。

在与几位家长和学生的交谈中，我了解到现在的孩子基本上都过着"饭来张口，衣来伸手"的生活，除了学习，其他一切均由家长包办。很多家长坦然地说："孩子现在还小，以后长大了会做事的，现在主要是抓好学习。"看得出，大多家长都是对孩子过分保护，过分溺爱，忽视对孩子进行生活技能的培养，导致了孩子对什么事都漠不关心，自理能力和劳动意识薄弱。

为了给孩子补上生活技能这堂课，我决定从班级教育和家庭教育两方面同时开展。

1. 主题教育课，感悟懒惰之后果

首先，我利用班会阵地，组织了一堂"向懒惰说再见"的主题教育课。在课堂上，我利用《喜羊羊与灰太狼》中的动画人物激发学生的情感和思考，先让他们产生不做"懒羊羊"的想法，再通过发现身边的"懒羊羊"和帮助"懒羊羊"这样几个环节对学生的行为进行指导。为了让教育效果能够落实到孩子们的行为上，我趁热打铁，在与几位家委会成员的奇思妙想之下，一份"小鬼当家"亲子活动方案新鲜出炉。

2. 亲子齐动员，体会劳动之快乐

亲子活动方案具体内容如下（见下页）。

开展活动的这段时间里，我收到过学生和爸爸妈妈一起挖的土豆和掰的玉米，也品尝过照片中的美味佳肴，从他们脸上洋溢的笑容中可以感受到他们已经体会到了劳动带来的快乐。家长们也很认可这样的活动，有一位家长这样写道："这一阶段孩子的转变很大，不仅自己叠被子、洗袜子，还会在吃完晚饭后帮我们洗碗。孩子劳动后责任感也变强了，学习也更主动了，这些都是意想不到的收获。"

亲子活动，不仅发挥了家长的育儿功能，也使孩子在实践中得到体会和感悟，收获了快乐。那么，如何让教育的效果得以延续，让学生的行为长期保持呢？我想何不将班级中的每个小岗位延伸到家庭，只要家长参与指导和

管理，那么孩子们的自理能力一定会提高。于是，这个大胆的设想得到了家委会成员的一致同意，并表示他们愿意从自己做起。

青浦区御澜湾学校二（2）班"小鬼当家"亲子活动方案

主　题

"小鬼当家"亲子活动。

目　标

通过亲子活动，让孩子们学习和体验与他们的实际生活密切相关而又力所能及的事情，提高孩子们的动手能力。同时，通过享受劳动的成果和收获的快乐，激发孩子们对劳动的热情，培养他们热爱劳动的良好品质。

内　容

1. 做个"小厨师"。

由家长和孩子分工合作，买菜、洗菜、烧菜、做饭。让孩子在轻松愉快的氛围里参与家务劳动，这既能培养他们热爱劳动的习惯，又加深了亲子之间的情感。（注：这项活动是在家里开展的，所以建议家长可以多开展几次。）

2. 体验"小农夫"生活。

利用周末或者节假日带着孩子一起去农村干活，要真正地下地干活，比如，松土、插秧、除草、割麦、挖土豆等，视实际情况而定。干完农活后，和爸爸妈妈一起动手做饭，享受劳动的果实，体会收获的快乐。（注：如自家乡下已经没有田，也可以几组家庭组合，到附近的农家乐或者拓展基地去体验。）

要　求

第一，在做"小厨师"或"小农夫"的过程中，家长要耐心教方法，多鼓励，让孩子自己动手完成，千万不可代劳。

第二，活动结束后，先和孩子交流感受，再指导他写下自己的体会。

---

3. 特色小岗位，将劳动进行到底

那么，家里有哪些小岗位呢？班级岗位有黑板美容师、绿化小天使等，家庭中的工作有扫地、洗碗、收拾餐桌等。班级中的小岗位是每个月轮换一次，家庭中的每个小岗位也要坚持至少一个月。我还跟家委会成员一起设计了岗位评价表，每个月都评选出"爱劳动的小能手"，每一周我都会把评价表回收上来，利用班会课对孩子的表现进行评价，也会将评价及时反馈在班级微信群中，给予家长后一阶段的指导。此外，我还在劳动节开展了一次展示活动，不仅展示了一些孩子在班级岗位和家庭岗位上做得较好的视频，还举行了"整理书包比赛""叠校服比赛"和"剥毛豆比赛"，让孩子们在展示中体会到成功的喜悦。

4. 家长沙龙会，大家畅所欲言

除以上的一些活动，我还利用每周五的时间在微信群中开展一次"家长沙龙"，家长们可以提出家庭教育中遇到的困惑，可以分享自己实践下来比较成功的经验，还可以聊聊自己在开展家庭教育中的体会和感受。在这次劳动教育活动中，家长们都纷纷说出了自己的感受："通过这次活动，我觉得孩子真的在成长，从劳动中体会到我们的不易，变得主动帮助我们做一些家务，比如扫地、洗碗等，现在每天早上主动要求自己穿衣服了，希望班级里能多搞一些这样的活动！"从家长们的反馈中也可以看出，家长们逐步明确了家庭在培养孩子的自理能力和劳动能力中扮演的重要角色，能够积极主动地配合班级完成力所能及的事情，在家庭中重点关注、培养孩子的自理能力和劳动能力，适时予以督促和教育。教师和家长的关系也在互相信任与合作中变得更加密切与和谐。

通过我与家长的齐心协力，培养了学生良好的自理能力和劳动能力，我利用班级公众号"苗苗的幸福"来展现教育活动的一些成果。尽管个体之间存在差异性，但每个学生都获得了成长。

（作者：上海市青浦区御澜湾学校　沈程）

攻略 3 / 班规制定实施攻略
——体现民主意识

班规即班级的日常规约，制定班规的目的是通过班级管理的制度化、程序化、科学化，促使教育效益最大化。班级规约的制定，需要师生共同商量，不可班主任一个人包办代替。应该明确，班级规约并非只是针对某些人的行为，并非是用来压制学生的个性发展，而是为了培养学生的规则意识、纪律意识，引导学生规范自己的行为，促进学生身心健康发展、个性充分发展。而鼓励学生参与班规制定，既是体现班主任的民主意识，也是为了培养学生自我教育和管理的能力，最终实现"管"是为了"不管"的目的。对此，本部分将从制定班规的意义、原则与方法，以及常用班规的内容等方面进行阐述。

理论概述

制定班规的意义

苏霍姆林斯基说:"真正的教育是自我教育。"离开了学生的自我教育,真正的班集体就很难建成。对于一个优秀的班集体来说,班主任的权威与学生的自我教育,都是不可缺少的,也不应相互分离,而是可以融于一体的,班规便是一个统一体。

班主任的权威,不需要仅仅凭个人的气质、才华去吸引学生,而是可以通过班规成为集体的意志。学生的自我教育,也不再仅仅是一些上进心强的学生的自觉要求,而是每个人参与班级管理的义务和权利。这样的制度化班规使班级所有成员都成了管理者,同时又都是被管理者,班级管理则由人的管理转向制度管理。而由班规体现的制度管理,其意义不仅仅是为了建设一个好的班集体,更是试图通过这种形式的参与,让学生受到民主教育的启蒙。

班规制定的原则与方法

班规是对师生行为进行有效约束的班级契约。好的班规,对于规范师生言行,培养学生民主精神和管理能力,建设优秀班集体,具有重要作用。好的班规,能够解放班主任、解放班干部,也有助于在学生中树立任课教师的威信。好的班规，是《中小学生守则》和校纪校规的有效补充或进一步具体化。制定一部好的班规，需要遵循以下几条原则。

1. 民主性

第一，班规制定前，班主任要引导学生认识到用制度管理班级的必要性和由师生共同制定班规的重要性。第二，全班人人发表意见，班主任汇总归纳，整理成书面条款，提交全班讨论，通过集体表决后生效。第三，班规对教师言行也应有明确规范，不只是针对学生。第四，对于有争议的条款，要强调"行动上少数服从多数，精神上多数尊重少数"。

2. 全面性

班规既要尽量覆盖班级生活的方方面面，也要顾及学生在校内外的各种行为，如班集体的各项活动，学生个人的思想品德、学习、纪律、卫生、劳动等。对于一些经常发生的违纪现象，更要特别关注。同时要分解责任，让每个学生都能参与管理而又接受管理。

3. 适切性

班规要合理，条款内容就要适切，不至于出台后就成为一纸空文。第一，要有可操作性，主要是对言行的约束。第二，要明确违反班规将受到一定处罚，这是不可缺少的内容。因为没有惩罚的教育是不完整的教育，但惩罚不等于体罚。如有班规对上课大声说"闲话"的学生，处以班会课上"罚唱"一两首歌。第三，处罚条款要人性化，有余地、有弹性。如"一个月内上课无故迟到三次以内者，擦教室门窗玻璃一次"。

4. 有效性

为有效发挥班规的作用，可作以下规定：第一，由班干部具体执行；第二，设立学生监督员，对执行不力或徇私者，及时提醒，监督执行。第三，定期开展民主评议，对每条班规的执行情况与效果、执行者和监督员的工作表现进行评价。

5. 自我完善性

班规实施过程中，对各条内容的合理性、实效性，或有争议处，要定期组织学生探讨、评议，若发现确有不妥之处，要慎重对待，可通过全班讨论，统一认识后再进行必要的修正。

常用班规细则

班规的主要作用是指导学生在日常学习生活中懂规矩，下面是一些班规条款的基本内容。

1. 课堂纪律

① 上课要精神饱满，不可打瞌睡。

② 上课时注意听老师讲解和同学回答，按要求完成各项任务，不做小动作。

③ 课上要求发言，应先举手示意，老师同意后再起身。

④ 小组讨论或全班共同开展学习活动时，每个人都要积极参与和配合。

⑤ 讨论问题时，可以提出自己的想法，评论他人观点，评论别人的发言首先要表示尊重。

⑥ 对临时代课的老师，也要同样对待。

2. 学习习惯

① 认真保管、整理个人的书本、笔、练习册等学习用品，每天根据课表提前作好学习准备。

②上课铃声响起后，及时调整心理状态，准备好必需的学习用品。

③尽可能独立完成每项作业，遇到自己难以解决的问题，向老师或同学请教；作业不抄袭，考试不作弊。

④勤做学习笔记，多多积累经验。

⑤坚持常去图书馆和运动场，学习知识，锻炼身体。

⑥爱护各种教学器材，不在课桌上乱涂写。

⑦正确对待学习错误，不弄虚作假，不讳疾忌医，努力从错误中学习。

3. 日常行为

①按时到校，不迟到，不早退；遇到值日、值周，按要求提前到岗。

②衣着整洁，佩戴好校徽、红领巾，形象良好，不可赤膊光臂、袒胸露背或穿拖鞋进校。

③注意个人卫生，勤洗手、勤换衣、勤剪指甲，衣服保持整洁。

④自觉清理个人座位四周的垃圾，主动提醒同桌捡拾附近掉落的垃圾。

⑤保持教室及走廊内清洁，不乱涂、乱画墙面，乱丢、乱倒垃圾。

⑥不在教室里吃东西、喝饮料（有特殊活动除外）。

⑦认真履行值日岗位职责，实事求是地记录无故迟到、早退、旷课者，不包庇、不报复他人。

⑧课间休息，不相互追逐打闹；上下楼梯，不跑跳越阶。

⑨要带玩具或其他与学习无关的用具进校，需事先征得老师同意。

⑩在校住宿，按时、按位就寝，不随便调换床位。

⑪保持宿舍内务整齐统一，不乱摆、乱放生活用品及床上被褥；节约用电、用水，不乱拉电线。

4. 交往礼仪

①与老师、同学相遇，招呼有礼貌，话语有分寸。见到老师，无论是否教过自己，都要主动说"××老师好"。

②与人交谈，态度要谦和，大方表达个人看法，认真倾听他人观点，不可指手画脚、唾沫乱飞，更不能讲粗话、脏话；自己说话时，要平视对方眼睛；听人发表意见，也要注视说话的人；如有旁人插话，要转身面对。

③与人发生争论，要心平气和地表达自己的观点，不可自以为是，不能得理不让人。

④别人取得成绩、成功，要表示祝贺，替人高兴；不可有咂嘴、啧啧声、故意转眼珠等对人不敬的动作或手势。

⑤同学挨批评、受处罚，不能嘲笑，更不可鄙视。

⑥自己有成绩，受到表扬，不要炫耀；遭遇挫折、失败，不要责怪别人。

⑦收到别人送的礼物，要说声"谢谢"。

⑧得到奖品，无论大小，都不可以嫌弃。

⑨与新同学相识，尽量记住对方的姓名；交谈时，尽可能重复对方名字。

⑩开门进去时，如果后面有人，要扶住门，待他人进来后再关；推门离去时，如果对面有人进来，应止步，待他人进来后再出去。

⑪有事需要麻烦别人，应先说一声"抱歉"。

⑫如果被同学欺负或受到别人冒犯，不要正面冲突，可争取对话解决，或请老师等成人调解。

5.集体活动

①升国旗时要肃立，齐唱国歌，行注目礼。

②全校师生集会、做操时，要在规定时间内进入场地，队伍整齐，保持安静，有序参与。

③列队前进时，目不斜视，不随便说话。

④去校外学习，要遵守公共场所秩序，注意交通安全。

以上班规，实行时可以采用积分制管理，每一条计入相应分数，用于学生考评，作为奖励或处罚的主要依据。

问题解析

什么时候制定班规比较合适

一位中途接手的班主任反映，新接的班级看上去还算风平浪静，但细细观察下来，发现几个行为自控能力较弱的学生，平时表现活跃有余，不是这个人在上课时频频插嘴，就是那个人在课间大声吵闹，以至于班级里时有小问题发生。于是，这位班主任准备制定一些新规则，但又担心"新官上任三把火"会造成学生对新班主任的抵触情绪。那么，这个班级要不要重新制定班规呢？

班规的制定，要根据不同的班情，选择不同的时间。据有关专家建议，班主任可按以下三点区别对待。

第一，在班级组建一个月左右时，制定班规。大多数学校，新生入学后都要率先学习校规。因此，在正式班规成文之前，班主任可以根据校规提出几条临时性班规。学生经过一个月的学习，有些问题会逐渐暴露。此时，班主任可征集学生意见，着手制定正式班规。这样处理更有针对性，也容易被学生接受。

第二，班级组建伊始即制定班规。班级组建后，就让学生明确哪些是必须做到的，哪些是明令禁止的。此时提出班规，有利于整个班级在较短的时间内进入正轨，但也要考虑实际推行的难度。

第三，中途接班，要依具体情况修订班规。在中途接班后，班主任不能急躁，要先抓紧了解班情。如果原班规执行得较好，那么完全可以"萧规曹随"。如果班级状况不佳，也要在取得新班学生支持的情况下，再逐渐着手修订班规。

制定班规有哪些程序

一位班主任回忆，自己在培训时，能经常听到一些著名教育家的经验，如特级教师魏书生有一个别具一格的绝招，那就是班规。可读了那些细致的班规，便自叹弗如。有时，自己也在工作中模仿魏书生的做法，学着制定班规，然而这些听起来容易的做法，一旦实施起来效果就不那么灵了。这样看来，班规制定是否很难啊？

班级作为一个群体，要正常运作起来，首先得建立秩序。秩序对群体有一种公约力，班规的作用就是产生这种公约力。别人的班规，看似很容易，可为什么在自己班级里实施起来却很困难呢？最关键的原因，是学生对这个班规的认同度不高，而认同度不高的深层次原因，就是没有让学生参与班规制定。那么，有效的班规怎么产生，怎么使用？在此，我提出如下建议。

1. 思想引导：唤起学生主体意识

新生报到后，班主任可以向全班提出这样三个问题：第一，大家是否希望我们这个班能成为一个好的集体；第二，让班级成为好集体，每个人需不需要克服自身的弱点；第三，为了集体利益，班级需不需要制定管理制度。然后，班主任组织学生讨论。实际上，这三个问题唤起了学生的主体意识，而他们也肯定会做出正面回答，全班都有"希望班级好"的想法，是制定班规的思想基础。

2. 内容设计：涵盖学生的方方面面

关于班规的内容，班主任可分三个模块提前设计文本草案，使之涵盖学生学习、生活的方方面面。第一个模块主要是班级建设的目标，目的是为班规做好功能定位。第二个模块是班规的各项内容，包括每项条款的细则。第三个模块是具体操作的办法措施，其中有记录管理过程的一些检查和考核表格，包括某些违纪行为的记录等。

3.确立原则：体现科学合理

班级管理制度的实质，就是对学生在什么时候、什么场所可以做什么，不可以做什么，以及怎样做、做到什么程度等，规定了行事细则，据此能有针对性地培养学生的自我管理能力。班规的制定，先得确立制定原则，最重要的是可行性和广泛性。所谓可行性，一是提出的要求应符合学生实际，便于执行与检查；二是这些规定要有相应的措施，明确"违反了怎么办"。所谓广泛性，即班规应尽可能地指向班级里一切可能出现的违纪现象，让每个人都知道相应的惩戒措施，做到有"法"可依。

4.制定过程：引导全员参与

班规文本的起草，应引导与发动全班学生参与，让每一个人都成为"立法者"，由此唤醒学生的民主意识，培养学生自我教育和管理的能力，使学生从一开始就认识到：规矩是自己定的，不是教师强加的。更为重要的是，学生从开始草拟班规起，就担当了一个自我教育、自我管理的角色。在每个学生都交出一份草案后，班主任可召集班干部整理、归纳，将其加工成初稿，再交给全班讨论、修改，并根据可行性、广泛性原则，最终形成班规的正式文本。

总之，在制定班规方面，班主任要对学生加强指导，并将讨论结果形成相应的文字，从而使学生明确，以后在班级里无论做什么事情，都应按照这些班级管理的"文件"办，一旦出现违纪问题，老师便会对照相关规定进行处理。这样，既可保证教师严格"执法"，减少学生的对立情绪，又能让教师避免因强制处理而引起冲动，甚至出现体罚学生的过激行为。

班规执行时遇到难题怎么办

一位新教师，当班主任才三年，在班级管理方面经常向优秀班主任学习，同时也注意利用个人的人格魅力影响学生。在工作实践中，这位班主任觉得班级里的班规只能解决一般性问题，遇到棘手问题时，班规根本起不了作用。为此，他心里很是苦闷。那么，班规执行时遇到难题，班主任该怎么办呢？

班规执行难落实，原因不仅仅在于它制定时的民主性不够，更在于在一般人的印象中，执行班规就意味着惩戒，而教育惩戒一直是一个敏感的话题。其实，表扬和批评，奖励和处罚都是教育的方法，是教育赋予教师的权利。在学生的成长过程中，教师不仅需要给予表扬、赞赏，也应善于运用批评、惩戒等教育手段。惩罚教育有利于培养人对规则、"法"的敬畏，一次必要的惩罚，对有的学生来说，可能是一次灵魂的洗礼。但是，惩戒又是一把双刃剑，用得恰当，注意处罚艺术，能帮助学生改正错误；用得不妥，则会伤人害己。因此，惩戒权利的赋予，对教师的专业素质提出了更高的要求，需要教师有更多的思考。在此，我给班主任的主要建议是，建立弹性惩戒制度，让全班人人参与。

1. 建立弹性惩戒制度

体罚，是让学生身体感到某种痛苦或感受极度疲劳的惩罚，是损害学生身心健康的侵权行为。惩罚，是以不损害受罚者身心健康为原则，而让其感受一定程度的"痛苦"的一种惩戒方式。它的目的是通过"罚"的手段，让学生认识错误，加深印象，同时锻炼学生某方面的能力，使学生在"惩"的过程中，改正错误，取得进步。为了避免惩戒过度，甚至异化，当前需要探索"绿色惩戒"，即倡导一种弹性惩戒制度，使其具有一定的灵活性，并体现人性化。这主要可从以下几点着眼。

第一，惩戒实施不只凭借一条、一次违纪表现，可以设定惩罚底线，学生不良行为"达标"，就要接受处罚。

第二，惩戒的措施、方法可以来自学生的建议，并得到学生的理解和支持。

第三，惩戒的执行对不同学生应有所区别，要针对学生的年龄、性别和身体状况，采取不同的方式。

第四，惩戒措施要让学生对自己的违纪行为有感触、有感悟，从而形成对自己行为要负责的认识，而不是被动地接受处罚。

第五，惩戒措施可以让违纪学生本人从相应的内容中选择，还可以由学生根据违纪轻重和自身特点，申请另外的惩戒方式。

2. 召开圆桌会议，解决班级问题

圆桌会议不设主席位置，参加者人人平等，人人都有发言权。班主任组织班级以这一方式召开会议，旨在激发学生的主人翁意识和参与的积极性。每一次会议的议题，都来自班级实际。学生在会议主持人（通常是班长或班委会中分管某一方面工作的干部）的组织下，就某项专题，开展自主商议，探讨问题解决办法。当班级出现比较严重的违纪现象，或者某种违纪行为达到一定数量时，班长与班委干部可在班主任指导下，召开全班圆桌会议，针对惩戒面临的难题，商讨解决对策。具体操作过程是：首先，根据班级日志上的记载，就学生中存在的违纪问题，提出应对措施，交予会议讨论；其次，全班通过深入讨论达成共识，形成解决这些问题的具体惩戒措施，方案经班主任作总结后，交给班委会执行。

3. 为"班级诊所"集体开"处方笺"

为有效执行班规，班主任可以尝试开展某种创新性探索。有一位班主任为配合惩戒办法的实施，同步推出"为班级开处方笺"的对策，取得了较好的效果。其具体做法是，在教室后墙开设"班级诊所"专栏，上贴海报纸，分为两项内容：一是"病症"，二是"治疗方法"。班主任先让全班讨论"班

级病症"，即某些学生存在的违纪问题；然后，向每个学生发放四色"处方笺"，让人人都当"医生"。红色纸上写个别同学需要做的事，黄色纸上写班干部需要做的事，绿色纸上写老师需要做的事，白色纸上写所有同学都要做的事。"处方笺"收齐、整理后，由班长向全班宣读，再让大家讨论修改。最后，将这四类处理建议贴在"治疗方法"一栏，全班学生写的原稿则装订成一册，作为原始材料挂在专栏的一旁。班级还据此每周评选出"白求恩"奖和"南丁格尔"奖各五个，分别表扬五名男女学生，并且颁发自制奖状以资鼓励。班主任这样做，不仅是为了提高班规执行的可行性，还想通过让学生参与制度管理创新的过程，进一步提升学生的民主意识，开发学生的自我教育潜能，促使每个学生更好地认识自己，实现主动发展。

案例链接

一节不寻常的班会课

扬帆启航的 9 月，我和四（1）班的 37 位同学见面了。新的班级，照例在针对班级现状的基础上，通过班会课集体讨论产生了礼仪、学习、纪律、卫生等方面的班级公约。经过一个月的对照执行，短小精悍、简洁明了的要求深入童心，同学们互助互学，班级风貌蓬勃向上。

可是金桂飘香中，流动红旗竟然"流"走了，卫生委员告诉我，常规检查中卫生被扣分了。我留心观察，发现公共走道、讲台周围的垃圾无人问津，垃圾桶旁常有纸屑、铅笔屑遗落在外。看来学生还是没有完全形成集体意识，没有养成主动维护的习惯，哪怕我每天唠唠叨叨反复提醒，他们也只是管好自己桌子周围的"责任田"。得让他们牢记维护教室整洁人人有责，不能出现"踢皮球"现象。我酝酿着如何开一节主题班会课。

班会课铃声刚响，走进教室发现宣传栏下方有一张丢弃的纸团，我不动声色地弯腰捡了起来，丢进垃圾桶，拿起扫帚把周围的铅笔屑和小纸屑扫干净，又把倒的横七竖八的卫生工具整理好。回到讲台旁，我扫视了教室里每张稚嫩的脸，此刻，孩子们静静地看着我，一脸的不知所措。我平静地说："这个星期的卫生流动红旗跟我们班失之交臂，大家知道什么原因吗？"孩子们睁大了疑惑的眼睛。

我停顿了一下，继续说："老师刚刚捡的那个纸团，今天中午就已经躺在那里了。到现在已经过了两个小时，它依然还在那里。"听我这么一说，孩子们面面相觑。

我提高了嗓门又大声问道："同学们，知道卫生流动红旗为什么会丢吗？"卫生委员举手说："因为有同学没有把垃圾放进废纸篓里。"平时调皮的小超说："没人捡，因为不是自己丢的。"也有的学生说："下课时只顾玩了，没有看见地上有垃圾。"

好吧，既然大家知道原因，那么今天这节班会就一起来讨论如何解决班级的卫生问题，我随后打开了事先准备的课件，电子屏上赫然显示"班级卫生二三事"主题班会。

伴随着音乐，我播放了国外如日本、新加坡、丹麦等国家环境卫生的照片，照片中道路两旁的绿色植物郁郁葱葱，街道上没有一点垃圾，干净的街道与天空相连。

"看了这些图片，你觉得环境整洁吗？你向往有这样的环境吗？"我试探地问道。孩子们的回答是肯定的。

"我们的卫生公约是什么？""爱劳动，讲卫生，教室整洁维护好。"孩子们异口同声。"教室是我们共同的家，这个家的卫生还有哪些令人不满意的地方呢？请同桌之间议一议。"

随后，一只只小手便举了起来。

"我发现贴在墙壁上的那些纸有时会掉下来也没人捡。"

"我看见黑板下面的地上有很多粉笔头。"

"有的人扔废纸时，不是走过去放进纸篓里，而是将废纸团扔过去，这样就容易扔在外面。"

"有的同学做完值日，扫帚随手一扔，没有放好。"

"我还看见教室门外有风吹过来的垃圾呢。"

孩子们争先恐后地把班级卫生细节的小问题一一数来。

"请同学们继续说说，怎样让我们的教室变得干净和美丽呢？"我继续因势利导。

孩子们打开了话匣子，课堂气氛一时活跃了起来。

"我们每个人首先要做到不乱扔垃圾。"

"只要看到垃圾，我们就应该主动捡起来。"

"教室的整洁靠大家一起努力。哪怕不是我们丢的，也应该捡起来。"

"值日生要认真做好工作，尤其是黑板下方的粉笔头要扫掉。"

孩子们说得个个在理，看得出责任感和集体荣誉感在他们心中已经悄然萌芽。

我趁热打铁在黑板上归纳了班级卫生的具体要求，并做了强调说明。

打扫好。值日生每天在规定的时间将规定的地方打扫好（尤其要把黑板下方扫干净）。

维护好。"我的地盘，我负责"，每个同学负责好自己课桌下的卫生，并自觉做到不乱扔垃圾。

监督好。劳动委员及其他班干部监督同学们的日常行为，同学之间也要互相监督，看到垃圾，要及时弯腰捡。

讨论到这儿，似乎班级的卫生要求更加明确了。

"如果发现乱扔垃圾或者看到垃圾不捡的情况，怎么处理？"我又提出了深层次的问题。

"老师，我认为做得不好，应该接受处罚。"班长大胆提议。

"如果发现有人乱丢垃圾，应该怎么处罚？"我再一次提出这个问题。

孩子们七嘴八舌地议论起来。

"乱丢垃圾的罚唱一首歌。"

"这怎么能算惩罚呢？比如小萱就喜欢唱歌，那她就要乱扔垃圾，正好可以唱唱歌。"

"罚他义务劳动，给班级做一天的劳动志愿服务。"

"多次被发现乱丢垃圾的应该要罚得重一点！"

"重到什么程度？"

"如果被发现3次，就做一周志愿服务，谁让他不长记性呢？"

"定得严些是为了让人牢记要求，杜绝乱丢垃圾的行为。"

通过孩子们的议论，我们最后通过举手表决，形成了卫生处罚规定：乱丢1次垃圾，口头提醒改正；乱丢2次垃圾，班上点评批评；乱扔3次垃圾，为班级做一周志愿服务，到卫生包干区捡垃圾。

"老师，我负责班级卫生角的整理工作，这样可以避免卫生角的不整洁。"卫生委员的话更是体现了一名班干部的担当和勇气。我心中暗喜，有这样的班干部，班级问题都会得到解决。

至此，一节主题班会课结束了。

事后，我及时在班级家长微信群里，把这次特殊班会课的详情告知家长们，家长们纷纷表示理解和支持，我也希望家长们在家里注重培养孩子的卫生习惯，引导孩子们明白"勿以恶小而为之，勿以善小而不为"的道理。

补充完善后的班级制度，使得孩子们的卫生意识、责任感日渐增强，他们课间总要低头看看脚下，有垃圾随手捡。"在校园内，看到垃圾能主动弯腰捡"成了评选班级环保小卫士的标准之一。教室的卫生角，孩子们用彩纸贴着"卫生角"的标语，在两边的墙壁上整齐地贴着班级公约等宣传知识，在墙角里，扫帚、拖把整齐地摆放着，整洁而干净，大方而美观。

渐渐的，教室地上慢慢没有了纸屑。半个月后，流动红旗又回来了！

班级公约，是一份承载着学生希望和梦想的约定。我担任班主任以来，只要接手新班级，就让学生针对班级出现的问题进行民主讨论，产生公约，以后就根据实际情况不断调整。在这个过程中，学生的规则意识被唤醒，民主监督意识被激活，主人翁意识被强化，对于公约的认同感强烈。对于班集体建设而言，主人们的认同和主动使得班风班貌欣欣向荣，文明之花处处盛绽。

（作者：上海市青浦区崧文小学　张莉莉）

怎样避免课间伤害事故发生

1. 偶发回放

一天，正是中午午休时分，突然有几个小朋友急匆匆地走进办公室，向我报告："陈涛（化名）的牙齿被喻超（化名）不小心踢掉了，他现在满口是血。"我马上赶到事发现场，只见陈涛哭丧着脸，右手捂着嘴巴，嘴角还有泪花，手指缝间还可以看到殷红的血迹。我忙查看他的伤势，"啊！"我只觉得头一阵晕，他的一颗门牙就悬在半空中，和牙肉只有一点点粘连着，看了让人觉得后怕。

我找到了事故的"罪魁祸首"——喻超，后对此事进行深入细致的调查。原来，陈涛和喻超吃完午饭后，两个人就在走廊里玩耍，玩着玩着，就坐到地上去了，然后两个人开始用脚互相踹来踹去地玩，喻超一不小心就踢到了陈涛的嘴巴，而且就是那么巧，把陈涛的一颗门牙给踢掉了。

于是，我急匆匆地带着陈涛去医院进行医治，幸运的是他还处在换牙期，掉了的这颗门牙只是乳牙，以后还会长出恒牙来，不会影响孩子将来的形象，这让我松了一口气。

这次的门牙事件虽然已经告一段落了，可我的心情却变得越来越沉重。

我们低年级的班主任都有这样的体验，一到下课，来办公室告状的学生络绎不绝。其实也没什么大事情，不是你打他，就是他骂你，或者有人做出违反学校、班级规定的事。面对这些事情，老师仿佛成了法官，常常有断不完的"案件"，也确实令班主任头疼不已。那么，为什么学生们会在下课后如此活跃？班主任又如何管理课间的吵闹现象呢？为此，我展开了一项小调查。

2. 展开调查

"下课后同学们在议论些什么呢？为什么会如此热闹？"也许是因为是小学生，孩子们的回答五花八门。有的说，讨论课上老师讲的题目；有的说，交流昨晚精彩的电视节目；有的说，跟要好的朋友说说话；有的说，上厕所去；还有的说，感觉上课有点累，下课了就想放松自己……真是说什么的都有。

为了使调查更准确，我也暗中仔细观察了孩子们的课间十分钟生活，我看到这样的情景：上课铃声一响，学生像火山爆发似地纷纷涌出门口，一瞬间，走廊里变得喧嚣而拥挤，追跑、疯打、大呼小叫，穿梭在其中还真有置身枪林弹雨的错觉；操场上，互相追逐，热闹非凡；味道特别的厕所，也成了孩子交谈游玩的地方；再将视线挪到教室里，也有一部分人仍然在"埋头苦干"，做作业、看书。

仔细琢磨孩子们说的话和他们的行为，似乎也能理解他们。

玩是孩子的天性。俗话说，不会玩的人就不会学。所以适当地玩和休息，是孩子们学习的必要保证。关键是如何让孩子们合理地玩，文明地玩呢？这是摆在我们班主任面前一道值得深思的难题。

那么，到底课间这短短的十分钟可以让孩子们做些什么呢？如何解决孩子在课间吵闹甚至有可能发生冲突的问题呢？怎样才能让孩子们度过一个精彩的课间生活呢？于是，我针对这些问题专门利用班会课进行了全班性的讨论，以征集大家的建议。

3.班会讨论

班会课上，我首先列举校园里课间发生的一些意外事故，强调了安全的重要性。然后组织学生围绕"课间十分钟我们做什么"的话题展开讨论，孩子们七嘴八舌地议论开了。

班长首先发言："我觉得课间应该文明休息，同学们不应玩剧烈的游戏，如果玩得满头大汗就会影响下一节课。"绝大部分学生表示赞同。吴浩同学说："我觉得下课后除了上厕所和交作业之外，大家尽量不出教室，待在自己的座位上。"他的说法遭到了众多同学的反对。杨琳同学反驳道："课间就是应该有适当的休息和活动，适当的活动有助于我们放松身心，更有助于我们更好地听好下一节课。"平时很有主见的刘聪同学说："我们要文明休息，要玩文明的游戏。"

我顺着他的话，问道："那大家玩哪些游戏才是文明、安全的呢？"

话音刚落，孩子们纷纷说道：课间可以看一些好书使自己的知识更丰富；可以唱自己喜欢的歌；可以跟同学讲自己喜欢的故事；还可以和同学们一起踢毽子、拍球、做一些运动量小的活动；有的同学还提出了让爱玩追赶游戏的同学玩"石头剪刀布"的游戏等。孩子们开动脑筋，想出了许多好活动。

在孩子们推荐的基础上，我也谈了自己的想法，最后确定推出"课间特色五活动"：一是制作道具玩"东西南北"，二是玩溜溜球，三是玩"石头剪子布"，四是玩五子棋，五是玩"成语接龙"。这些活动对孩子们的身心健康有好处，又能有效利用课间短短的十分钟。同时，我还对课间活动提出了具体的要求：要适量、轻松、愉快，不能累得满头大汗；活动时要守纪律，不打人、骂人，不要大声喧哗、奔跑、追逐；不做危险动作。

4.活动进行时

活动从10月正式拉开帷幕，我也参与其中。由于这些活动都是我和孩子们一起讨论出来的，是大家喜欢的活动，因此受到了孩子们的赞同和欢迎。看着孩子们玩得那么有滋有味，我也乐在其中。

同时，在组织孩子们课间做一些有意义的活动的同时，我又注重良好习惯的培养，为此，我组织学生开展了"比一比，赛一赛，看谁课间玩得最文明"的活动。我利用小红星和大拇指卡，每天寻找课间文明活动的孩子，在第二天的午会上及时给予表扬和鼓励，发小红星奖励给孩子们；每月选一个孩子，颁发"课间文明休息"的大拇指卡，以此引起孩子们的兴趣和积极性。我告诉孩子们，每天我会找一个最会文明休息、最会合理安排时间的孩子，由他负责提醒其他小朋友不做危险游戏，不吵闹等，这个孩子可以站在教室门口，他就是我的"小眼睛"，是班级的"课间文明休息监督员"。在好胜心的驱使下，孩子们都想争着当我的"小眼睛"，当"文明休息监督员"，把自己最好的一面积极地表现出来。

一学期即将过去了，通过开展"课间特色五活动"，我班的课间文明休息情况明显好转，课间既文明又安全，而且我跟孩子们的心灵拉近了，情感也更深了，近一年来偶发事件发生率为零，这个结果令人欣喜。

（作者：上海市青浦区重固小学　王星）

班规出台以后

"刚接手六（5）班，怎么就有那么多的问题呢？"中途接手六（5）班时，我曾这样抱怨。是的，这真是一个麻烦不断的班级——

"老师，××同学老是在背后拉我头发！"

"老师，××一直给我起绰号！"

"老师，我们教室里好脏啊，都是碎纸片。"

……

"告状声"不绝于耳，而内容又总是一些行为习惯上的问题。处理这些"麻烦"的过程，真是"才下眉头，却上心头"。

您还别不信，孩子们居然连吃午饭也会生出许多事来：今天筷子不带，明天桌子没擦，后天浪费粮食、餐盘乱扔……班主任教育、班级教育、学校教育，几次三番，一遍又一遍，收效甚微。

这样下去还了得？班级管理绝不能单凭老师说教。静心沉思，我发现：一是问题的发生具有普遍性，即班级很多同学都有行为习惯问题；二是问题本身很小，不易引起重视，久而久之却严重影响了班风。要想从根本上解决问题，不仅要让全体同学认识到问题，还要对每位班级成员有规范制约。于是，我决定召集全班同学开一个"全班共商事务大会"。

班会课上，首先，我通过多媒体介绍了各国吃饭的习俗：欧美国家多用刀叉、勺子；印度吃任何东西都是直接用手；在泰国，叉子的作用是将食物放入勺子，然后用勺子进食；中国则使用筷子和勺子。其次，我又详细介绍中国人吃饭要用筷子的历史渊源，孩子们听得入神。最后，我进行了总结："对中国人来说，吃饭用筷子，正是体现了中国文明和历史发展的根本特质。"在融洽的气氛中，同学们都认可"吃饭必须带筷子"的做法，也都赞同"不带筷子，不准吃饭"这一条处罚条例，于是新班规正式出台了。

有了班规的制约，我本以为可以太平了，没想到没过几天，同样的事情又发生了。

一天中午，刚上完最后一节课，我去食堂吃饭。踏进食堂门口，赫然映入我眼帘的是，政教处德育教导张老师正"逮住"王涛同学在谈话。我定神一看，王涛没带筷子。不仅如此，他正不屑一顾地看着对面的张老师，站起身想要"逃走"。

我很生气，三步并作两步走上前去，拉住王涛便责问："怎么没带筷子？"或许觉得食堂里有那么多同学盯着看，丢尽了面子，他硬生生说了一句："我不吃了！"转身便走了，把我也撂在一边。我气不打一处来，他自己违反了班规，竟然还这么蛮横。此时边上的同学一个个朝我们这边看着，我有点尴尬，怔怔地呆了几秒，嘴里机械地说："那就按班规办。"我心里想着，开学两个月来，对王涛这个孩子我还是有一定的了解，虽然是个调皮鬼，偶尔也会触犯班规，但是在大是大非面前还是很有分寸。这孩子正在气头上，跟他讲道理也不会有结果，就让他冷静一会儿。

我匆匆了吃了几口饭，就去教室找他。

在教室走廊处看到了他，我把他带到不太有人经过的楼梯转角，此时的他表面上还气呼呼的，但是情绪已经平稳了。我平心静气地说："怎么还在生气？"他噘着嘴，故意抬起下巴，眼睛看向侧面，不肯与我正视。我伸手把他身子扳正，语气温和地对他说："你对自己今天的行为是怎么看的？"

他略带委屈地说："其实，今天我到了食堂了才发现忘了带筷子，本来我也没有吃饭嘛，只是肚子饿了，看到菜，就禁不住用手抓了。"

"因为忘记带了，因为没有筷子，所以用手抓。这是你的逻辑吗？"我的声音提高了八度。

他沉默了，沉默就代表他已经认识到自己的错误了。

"王涛，在我的眼里，你是个是非分明的人。今天，你的行为可以这样解释：第一，没有带筷子，抱着侥幸的心理，想蒙混过去；第二，被老师发现了，觉得丢了面子，即便接受了班规的处罚，但心里还是有怨言。"

听着我透彻的分析，他面露几分悔意，低下了头。

我趁机又开导道："班级制定的'吃饭必须带筷子'这条班规，有利于我们的健康成长。第一，饭前要洗手。我们的手每天接触各种各样的东西，会沾染各类细菌，防止病从口入，就要勤洗手。第二，用筷子吃饭。用手抓菜吃，这不仅不文明，也是非常不健康的生活习惯。第三，要遵守班规。班规面前人人平等，这是对法的敬畏，班级每个人都要维护好班级的集体荣誉。"

听了我的一席话。王涛不好意思地朝我看了一眼说："老师，对不起，我错了。"

我拍了拍他的肩膀，投去信任的眼光，说："今天算是一个小插曲。老师相信，从明天起，你一定会变成老师所期待的样子。加油！"

"嗯。"他用力点了点头。

我随后从办公室的抽屉里拿出几块蛋黄派给他并吩咐道："垫垫肚子吧。"

这件事总算过去了。这起"手抓菜"事件的处理，给了我很多思考。

第一，班级会议制定班规，民主表决的过程让孩子们树立了"自己的班规自己定，定好的班规自己守"的意识，即使后期仍然有问题出现，他们也能主动对照班规自查自检，自我反思和惩戒，民主催生了学生的责任意识和担当意识。

第二，虽然班规的制定给班级管理带来了制度保障，但是，班级管理过程中学生的行为反复也是正常现象，作为班主任，不能期望通过班规制定求一劳永逸的管理效果，也不能因为有问题反复便不问原因，对学生横加指责。而是应该晓之以理，动之以情，帮助学生分析问题根源，促其反思改正。

第三，制定班规只是制度规范的一方面，班级管理除了刚硬的制度，还要有温暖的人情。"不吃饭"的处罚是遵守班规的需要，"蛋黄派"的温暖是拨动学生心弦的法宝。班规制定只是班级管理的手段，而非目的。一个班集体的建立，需要班级师生心贴心的文化自觉。

第四，吃饭不带餐具是一个微小的现象，为何明知会受处罚却仍不带筷子？这个现象背后还有什么问题？后续细心的跟进和处理，才能不断完善班规，让班规起到应有的制约和规范作用，增强学生养成良好行为习惯的意识。

（作者：上海市毓秀学校　陶芳琴）

攻略 4 / 活动设计实施攻略
——体现丰富多彩

班级活动是引导学生生活，促进学生与社会联系，培养学生兴趣爱好，使学生体验人际关系、充实精神世界的重要形式和途径。设计丰富多彩的班级教育活动，是班主任匠心的集中体现，也是班主任不可或缺的专业技能。关于班级活动的设计与实施，本部分将从活动的教育意义、设计原则和类型等方面进行阐述。

理论概述

班级活动的教育意义

组织有意义的班级活动，会给学生带来无限乐趣，对陶冶学生理想情操，丰富学生智慧和才华，具有深远的教育意义。

1. 班级活动是班集体建设的有效载体

（1）通过集体活动，强化集体主义教育

苏霍姆林斯基认为，集体是一个精神共同体，它不是成员的简单组合，而是成员相互融合形成的不可分割的整体。一个班级把几十个互不熟识、个性各异的学生结合成有机整体，靠的是集体活动。集体活动能有效培养学生的集体意识和集体荣誉感，让每个人懂得什么是集体，懂得个人与集体的关系，正确认识自己在集体中的位置和作用，认清自己对集体的责任和义务，从而自觉关心集体、爱护集体，把自己融于集体之中，把集体目标化为自己的目标。所以，集体活动可以强化集体主义教育。

（2）通过集体活动，在班级中形成正确的舆论导向

马卡连柯认为，学生集体里的舆论力量完全是一种物质的、实际可以感触到的教育因素。班集体舆论对学生的影响，往往比班主任个人的力量大得多、有效得多。正确的集体舆论，是班级不成文的行为规范，是学生自我教育的力量，也是班集体形成和发展的巨大推动力量。班级活动有助于培养正确的集体舆论，产生公正的、为多数人所赞同的意见与评价，抵制错误言行和不良风气。坚持集体舆论导向是班集体形成的重要标志之一，班主任工作也由此会取得更多主动性，而这一切都离不开班级集体活动。

（3）通过集体活动，培养良好班风

班风是一个班集体的作风，是班级内大多数学生思想觉悟、道德品质、意志情感、精神状态的共同表现倾向。班风又是一种无形的教育力量，它发端于班级的集体舆论，同时对班集体舆论持久地产生作用。在班集体建设中，班主任通过组织班级活动、坚持集体舆论导向的同时，也要重视班风培养，并以班风影响全班学生的思想与行为。优良班风的形成，需要较长时间潜移默化地教育和培养，而这一过程当然离不开班级集体活动。

2.班级活动可以促进学生的全面发展

（1）培养品德，陶冶情操

学生良好的品德、情感和意志，是他们在积极参与活动中形成、巩固和发展出的。学生在班级活动中获得的亲身体验，有助于形成健康的思想感情、正确的道德观念、是非分辨能力和民主、合作、竞争意识，有助于陶冶情操、磨炼意志，形成认真负责、诚实、勤奋、坚毅等良好品质和行为习惯。

（2）丰富知识，扩大视野

班级集体活动内容丰富，涉及领域广泛。它以兴趣为前提，让学生以可接受的方式去接触新事物、传递新信息、获得新经验。班主任由此组织活动，可以让学生不断感知现代科技的进步和社会发展，进而丰富知识领域，扩大探究视野，为从事课程学习丰厚基础。

（3）发展特长，增长才干

学生在喜闻乐见的实践活动中，最能呈现和发展各自的专长和才能。班主任由此组织班级活动，可以发现和培养学生独特的兴趣、爱好，促使其逐步形成特长，并通过综合运用各学科知识技能，在解决问题中发展智力、激发创造性，在集体活动中锻炼交往能力、组织能力、应变能力以及自我调节和控制能力。

（4）积累底蕴，强健体魄

各类文体活动在每个年段学生中都是热门选项，班级集体活动的设计自然不会疏漏。声乐、舞蹈、鼓乐等文娱项目，有助于学生调节学习生活，积累文化底蕴；球类、田径、武术等体育活动，有利于学生锻炼健康体魄，培养自我保健能力。

班级活动的设计原则

1. 目的性

班级活动的目的要明确，主题要鲜明，要适应社会需要，体现时代特征，配合教改深化，贴近学生生活。活动目的的设计，要注重活动本身在思想品德、社会公德、理想信念等方面的教育作用，抓住时代内涵，紧扣育人主题，由此提升活动价值。

2. 自主性

在班级活动中，学生是主体。活动的设计不能让学生的自主作用出现"空洞化"。学生的主动参与，关键在"动"字上。要让学生从动眼、动手、动口到动脑、动心，从肢体运动到情感体验，全身心地投入到活动中去，真正体验集体活动带来的思想碰撞、情意融合。

3. 趣味性

班级活动与课堂教学相比，两者虽然殊途同归，但教育形式却大异其趣。活动的设计，要在"趣"字上做文章。根据学生的年龄特点、心理需要，确定合适的内容，选择有吸引力的形式。为此，班主任要站在学生的立场，运用他们的思考方式，抓住他们的兴趣，投其所好。

4. 创新性

班级活动要吸引学生，离不开"创新"二字。要使每次集体活动的内容、形式，从内到外都有新意，乃至别具一格，班主任自己的思维首先得活起来。而设计的独特性，在基于素质教育理念的框架下，除了敢想，还要敢做。

5. 实效性

每次的班级活动，都要有明确的教育意义和实实在在的教育效果。活动结束后，班主任可组织学生一起及时总结，提升主题，以强化活动产生的积极效应，同时做好各种材料的归档工作，积累学生的成长记录，充实集体活动的教育资源库。

班级活动类型

1. 例行班会

例行班会已纳入学校课程表，内容通常包括五个部分。第一，宣传学校规章制度，教育学生严格遵守；引导学生针对班级问题，研究班集体建设措施。第二，组织学生审议班级计划，提出奋斗目标，讨论班级工作。第三，检查学生守则执行情况，表彰先进，批评不良言行；帮助学生自我分析，提高道德评价能力。第四，布置、总结班级工作，落实具体事务，分析各种活动参与情况，表扬好人好事，解决班级存在的问题，公布对犯错误学生的处理。第五，选举班干部，评选三好学生和优秀班干部。

2. 主题班会

主题班会是班主任教育学生的主阵地，也是班级活动的常见形式。由于班会课受时间限制，很多主题教育无法在 40 分钟内完成，所以常常分几次进行。系列性主题班会的内容安排，应符合学生的认知规律，适应学生的心理特点，重视前后顺序的连贯性、层次性。如以感恩为主题的教育系列，可分为感恩父母、感恩师长、感恩社会三部分，用贴近生活、贴近学生的活动方式，增强学生知恩、感恩、报恩意识，并提高其社会责任感。

3.专题性教育活动

为了及时、有效地解决班级里一个阶段以来出现的一些棘手问题，如"早恋"、抄作业、沉迷于手机、抗挫折能力缺失、校园欺凌等，班主任可以组织一项针对性强的教育活动。设计这样的活动，对班主任要求较高。为保证活动质量，班主任要敏锐地发现学生的思想动态，抓住问题的症结，充分备好课，亲自主持。教育的观点要鲜明，内容要集中，材料要丰富，语言要生动、有感染力，能直击人心、震撼心灵，以此吸引学生、打动学生，加强教育的实效性。

4.知识拓展活动

班级集体活动，也可以成为学生拓展知识、发展个性的一块学习园地。组织这类活动，寓教育于知识探索中，有利于促使学生走近科学、热爱科学，发展自己的兴趣、爱好、特长、能力，培养个人的未来志向，寻找自己的人生目标。开展这些活动，可以结合每个阶段学生的学习进展、社会热点问题，不拘形式，相机而行地组织；既有参观、访问科技院所或高等学校，听专家讲座，又有知识测验、作业展览、学习经验交流会等。

5.节庆活动

一年之中，有元旦、春节、三八妇女节、清明节、五一劳动节、端午节、教师节、中秋节、十一国庆节等重要节日，以及母亲节、父亲节等节日，这些节日是不可错过的教育契机。对此，班主任应充分挖掘节日文化的内涵，设计以培育和弘扬社会主义核心价值观为主题的集体活动，让爱国主义教育、民族优秀传统教育贴近学生生活、滋润学生的心灵。节日年年有，活动贵创新，要不落俗套，给学生一种新鲜感。

6.各类体验活动

组织班级活动，让学生参与实践体验，是班主任进行集体教育的有效途径。这样的活动，校内的有班级运动会、小组拔河赛、古诗词诵读赛、班级歌咏赛等，校外的有郊游、爬山、社会调查、访问现代工业农业园区、夏令营等。在举办一项活动之前，班主任要先告诉学生活动的主题和意义，启发他们在活动中观察生活、体验生活，引导他们通过探求真、善、美，激发情感，增强对生活的热爱与追求。

7.团体心理辅导活动

成长中的学生，处于身心发展的特殊年段，要强、不服输、叛逆等心理特征表现明显；但同时，缺乏自信、特别需要他人的欣赏和认可等弱点也不同程度地存在。步入青春期后，学生又面临种种困惑及烦恼，常常产生各种各样的心理问题。对此，班级有必要开展一些团体心理辅导活动。班主任要抓住时机，让学生通过他助、自助、互助相结合的方法，疏解心理矛盾，在专门设计的活动中增加体验、交流、感悟，实现自我教育。

 问题解析

例行班会怎么开才有效

一位班主任说起班会课怎么开，颇感困惑：一个学期内，班会课除了安

排学校布置的内容，大多数要由班主任自定，因此不少时候，他只能讲一些班级近况，说一说不足，或按老套路进行集体教育，自己也觉得没有很好地发挥班会课应有的作用。那么，通常的例行班会怎么开才有效呢？

班会课是学校课程之一，例行班会应成为班主任教育学生的一项常规工作。为开好例行班会，提高其有效性，班主任需要多动脑筋。

1. 班会内容事先早安排

一般来说，例行班会的教育内容在班级的学期工作计划中不会有明确的设计，它主要是针对近期内学生中出现的新问题而安排的。为此，班主任事先应作好充分准备，通过班干部了解学情，收集有关参考材料，乃至设计PPT课件。从班级日常性事务的应对处理，到学生需要纠正的学习习惯，有理有据地指出其中的弊端，有情有智地进行说服教育；从一些看似简单的事情中，说出一番不简单的道理，这样独具匠心的设计，才真正体现了班会课的价值。

2. 班会形式可以多样化

例行班会是班主任管理班级的基本手段，也是建设班集体的重要途径。为此，班会的召开形式就应围绕这两方面设计。如为落实班级常规，可以采用讨论、辩论、座谈等形式，寻找解决问题的对策。如传达学校工作布置和有关规章制度，班主任可以亲自解读，帮助学生理解与执行。如确定、调整班集体建设目标和讨论制订班级工作计划，班主任可以指导班干部主持，以培养学生的民主管理意识。总之，形式要服从内容，根据具体内容来确定。

3. 召开例行班会注意事项

一是要坚持正面说理教育，特别在班级因偶发事件而召开的例会上，班主任自己不能情绪激动，更不能大声呵斥学生。二是对待违纪事件要就事论事、就事析理，尤其是不能对犯错学生过去已处理过的事抓住不放，"算旧账"。三是会上安排的工作会后一定要检查落实情况，促使学生更好地完成自己承担的岗位任务。四是要重视通过主持例会来培养班干部，发挥每个人的聪明才智。五是注意调控例会时间，确保 40 分钟的有效利用。

法无定法，运用之妙，存乎一心。班主任需要仔细琢磨，才能开出不一样的例行班会。

如何设计与实施主题教育课

一位班主任回忆自己曾经上过的一节主题教育课："课上，播放了一段视频《那年那兔那些事儿：志愿军回国回乡》，主题是爱国。我备课时已看过，自己感动不已，泪流满面，深感今天的生活是革命前辈用生命与鲜血换来的。原以为学生看到这个场景也会和自己一样，但是实际上学生观看后没有我想象中的那份感动。视频播放后，我问几个学生有什么体会，他们的回答很空泛。这节课就这么结束了，而给我的印象却很深刻，经常自问：如何设计主题教育，才能提高它的实效性？"

教育没有达到预期效果，原因有多方面。教师教育方式与学生学习方式不相吻合，是问题的根源之一。人类的道德学习分为道德事实知识、道德规范和道德价值信念三种，前者属于认知性学习，后两者基本上是情感体验性学习。认知性学习十分重要、不可或缺，但情感体验性学习同样不可或缺，甚至更为重要。班主任利用班会课进行道德教育，重点应放在后两者上，而以往班会课所欠缺的，正是体验式学习。因此，为凸显以体验为核心、知情意行整合的教育方式，班会课也要转型——设计与实施体验式主题教育课。

1. 概念解读

体验是指学习者亲自参与或置身某种情景、场合，通过感觉、感受来认识事物。体验式学习是指学生作为学习主体，以任何可用感官作为体验媒介，用全部心智去关注、欣赏、评价某一事件、人物、环境、思想感情等，从而获得某种知识、技能、情感，或加深对原有知识、技能、情感的认识，进而影响自身的态度、价值观。

主题教育课是指班主任以课的形式，围绕教育主题，以情景展示（或模拟）、设问析疑、讨论与交流、问题解决、提炼与迁移训练等教育组织策略，通过引导学生发挥主体积极性，情境化地对学生进行思想道德认知教育，唤起学生相应的情感体验，促进其思想道德发展。

体验式主题教育课就是将学习主题与学生的生活实际紧密结合起来，师生通过协作探讨，在情感交流、思维碰撞中进行体验、感悟，并通过逐渐熏陶的方式，促进学生思想品德成长。这种教育模式，以形成道德自觉为目标，以体验为学习方式，力求认知过程和情感体验过程有机结合，激情与明理、导行相互促进；让学生在体验学习中，领悟做人道理，选择行为方式，实现自我教育。

2. 体验式主题教育课的基本环节

（1）创设情境，激发体验

首先，创设的情境应符合以下条件：一是能联系学生实际经验；二是能激发学生学习动机和兴趣；三是具有体现教育主题的价值；四是能引发学生体验、思考和探究。其次，教师根据特定的主题内容和学生实际，恰当运用多种形式和手段创设情境。如通过音像、图片、文字材料，让学生仿佛亲临现场，缩短距离感，引起情感共鸣，由此激发学生深入探究的欲望；通过游戏、小品、故事讲演、微辩论等形式，引导学生进入角色，换位体验，让学生将教育内容与已有品德表象建立联系，使"理"通过"情"入"心"。

（2）互动对话，诱导体验

虽然创设的是同一教育情境，但由于个性不同，每个学生的感悟也不同。不同感悟形成丰富的教育资源，教师据此可创设多样化互动对话平台，为学生营造平等、和谐、宽松、愉悦的交流氛围，留出充足的时间，让大家畅所欲言。交流时，互相诉说各自的见解，不刻意去追究谁对谁错；对疑难问题则各抒己见，大胆质疑，允许争辩，鼓励求同存异。由此诱导学生体验对话过程，聆听同学心声，感悟当下，反思以往生活。

（3）价值澄清，升华体验

在宽松自由的环境中，学生的价值取向会呈现多样化，且有不可预测性和随机性。这要求教师根据活动过程中生成的问题，即时进行价值判断与引导，但不可简单地给学生贴"对"或"错"的标签。教师可用"如果是我……因为我认为……"的句式，表明自己的态度；还可以通过质疑、因果分析、价值辨析，引导学生深入全面地思考问题，升华体验，将个人价值取向转到社会价值导向上来，澄清观念，提高认识，改变行为，促进人格健康发展。对此，教师自身须有"价值判断样本"，才能正确有效地实施价值观导向。

（4）行为反思，实践体验

学生通过以上活动，在自身经验基础上形成新的认知。但活动并未结束，生成的认知要转化为行动，内化成品质。为真正实现知情意行的统一，学生必须再体验，将课堂所学理论知识带到实践中，去分析问题，解决问题。为此，在学生获得情感体验后，教师要及时提供现实场景，让学生进行针对性操练——或在课堂上创设合适的教育情境，要求学生运用体验到的情感、学到的知识，解决情境中呈现的问题，从而在情境中学、在情境中提高能力；或布置一些家庭作业，如进行社会调查，让学生从中发现问题，解决问题。

3.体验式主题教育课的设计要素

（1）从现实问题出发

选题的角度既可根据教育目标、班级学情，又可依据国家大事、生活发展需要，如围绕《中小学德育工作指南》有关内容，抓住社会热点话题。主题要针对现实问题，正确鲜明，切入口小，通过抓住一个点，达到以点带面的目的。

（2）从生命关怀着眼

教育目标的确立，要与学生所在年级的德育要求保持一致，从生命关怀的视角，着眼于学生发展的实际需要和时代发展的未来需要，充分体现认知、情感、行为三个层面的特点与要求，力求实现知情意行的统一。

（3）从学生困惑着手

教育内容一是来自社会典型事件，二是来自学生生活中发生的事。关注社会事件，要以学生真实的生活经历为素材。解决班级中的实际问题，要针对学生的典型困惑，选材要突出个性特征，真实可感，便于学生进入角色，积极参与。教师要对素材按教育要求适当加工，避免触及学生个人或其家庭隐私。

（4）从丰富新颖着力

主题教育课的实施形式应为内容服务，要考虑学生年龄特点，着力丰富新颖，以吸引学生注意力和调动其参与积极性。一般有师生对话、情景思辨、小组讨论、行为训练，低年级可增加一些趣味性活动，如游戏、情景短剧、观看电视短片或动漫画、角色扮演、叙述一件事或讲故事、生活实践体验等。

（5）结构优化与拓展

导入要给人新鲜感，除直接导入，可采用视频、表演、猜谜语等形式。结构要有坡度，对问题解决提供多层次选择，以"两难"呈现矛盾冲突，引发争论。过程要有高潮，注重集体互动，寓感悟于学生亲身体验之中，以激发热情。教师要注意掌控活动气氛，适时点拨，因势利导。活动结束时通过效果分析、总结、点题，引出相应措施；或提出意想不到、耐人回味的问题，留下悬念，催人沉思，向后拓展主题教育课。

如何设计有创意的班级活动

一位班主任说，平时的班级活动都是跟着学校步子走的，没有自己班级的特色。参加培训后，他了解到很多有创意的班级活动设计，如班级读书活动、评选感动班级十大人物等，自己跃跃欲试，但总想不出好点子。那么，班主任如何设计有创意的班级活动呢？

创新是管理的灵魂，创新性班级活动是建设班集体的粘合剂，是促进学生成长的催化剂。设计富有创意的班级活动，可从以下几个方面思考。

1. 班级创意活动的亮点

（1）创新教育内容

班级活动创新首先反映在内容上，随着社会发展和时代进步，幸福教育、公民教育等新话题可充实常规教育内容。安全教育除了针对人身安全，网络安全问题也不容忽视。而结合 2020 年抗击新冠肺炎疫情，生命教育、环保教育、防疫教育、英雄教育、爱国主义教育等也应增添新的内涵。

（2）改变活动项目与形式

比如，同样是表扬优秀先进，可以改成评选班级明星，由以往评选小能手、小达人，扩展为评选文明之星、孝亲之星、志愿者之星等。同样是开家长会，可以由学生主持，或者是师生同台主持、家委会成员主持。

（3）变换推进手段

一位班主任为推进班级活动，设计了一套奖励勋章，主图案为福娃，共五枚。为班级作出贡献的，所得贡献奖章上印"你的贡献让我们铭记"。发言积极大胆的，可获自信奖章，上面印"你的自信让我们佩服"。学习认真的，所获态度奖章上印"你的态度让我们赞叹"。成绩突出的，可获优秀奖章，上面印"你的成绩让我们羡慕"。进步快的，所获进步奖章上印"你的进步让我们惊讶"。学期末，集满一套者再额外奖励。

（4）变换活动地点与时间

中秋节活动，常规设计是同学们在教室里围坐分吃月饼，师生共情；也可以组织学生晚上集体赏月，对月吟唱，体验月圆之韵。春节期间，可组织学生去敬老院写春联，为老人送上祝福。此外，布置学生做家庭作业——给父母洗一次脚，逢年过节为家人做一道菜，以"了解爸爸妈妈的一天"为题关注亲人，撰写感悟日记。

班级活动的小创意，蕴含着班主任的大智慧，有的老师还将活动过程进行网络直播，扩大教育效果。

2.创造性地开展班级活动的注意事项

（1）既要大胆创造，又要符合规律

这里所指的规律，包括教育规律、学生身心成长规律，以及体现科学精神、人文精神的社会发展规律。如针对班级违纪现象屡禁不止，两个品行不错的学生也打架的现象，班主任灵机一动，要求两人以戏剧表演的形式将打架情景在班会课重现。两个人已认识到错误，但在班主任的要求下不情愿地同意了。他们的表演引得全班学生哄堂大笑，班主任并未制止。最后，两人演绎了冲突缘起，再以相互道歉的方式结束。表演得到了大家认可，班主任未作点评，但取得了理想的教育效果。

（2）既要大胆"拿来"，又要加以改造

经过广大班主任的长期探索，一些主题教育课已有比较成熟的运作模式。据此，年轻班主任可以直接"拿来"，为我所用。但不能简单模仿，盲目跟风，而应针对自己班级的实际学习借鉴。如根据教育对象的不同层次，调整活动内容和实施方式。如具体设计活动，低年级着重形式的变化和手段的创新，高年级就应重视内涵的提升和观念的创新。此外，借鉴别人的要义是学到精髓，而不是抓住皮毛。同时，要根据实际融入自己的东西，整合出适合自己班级的方式。

（3）形式可以多变，内涵需要积淀

创造不等于玩花样，形式应服务于内容。现实中，一些用于展示的班会课，主题定位宏大高远，情感煽动无所不能，媒体使用无处不在，人物出场络绎不绝，才艺展示此起彼伏。这样的"创造"，内容与形式脱离了主题，表演性、娱乐性往往大于教育性。但是热闹过了、新鲜过了、兴奋过了的结果，却未积淀出能触动心灵、点亮生命的内涵。而一些洗尽铅华的班级活动，使用的是最朴素、最直白的语言，却不乏收到理想的教育成效。

（4）既重视预设，也关注生成

班级活动需要精心预设，让师生有章可循，但也要关注生成，以保证有效实施。生成是学生之间、师生之间交往互动的动态过程，也是教育过程充满生机与活力的重要体现和必然要求。学生的生活经验、个性特点各不相同，决定了生成结果的多姿多彩。某校高三年级在离高考还有100天时举行"百日冲刺"誓师活动，学生张某突然因病住院，医生劝其不要再上学，但他表示，关键时刻"不愿倒在病床上"。班主任闻讯感动之余，充分利用这一生成性教育资源，以张某"心系课堂，拼搏学习"的精神为主题，要求每个学生写一篇"我记忆中的张某"，以此激发全班学生的学习动力。

（5）鼓励学生创造

班级活动的主体是学生，班级活动计划的制订、活动内容和方式的选择、活动的组织管理等，班主任应放手让学生去承担。如"我为班级献金点子"征集活动中，学生提出的点子，如班级活动开设实行竞标制，教室里每天挂出温馨提示板等。班主任收集整理这些"金点子"，然后组织全班票选，将大家认同的活动点子作为班级的活动项目。这样，不仅能挖掘学生的潜能，增强学生主人翁意识，而且让学生通过亲身参与，奉献自己的才智和力量，感受集体的温暖和友谊，形成并丰富自己的情感，锻炼和提高自己的能力。

（6）坚持创新，逐步提升

创新是进步的不竭动力，设计有创意的班级活动，既要坚持创新，也要注意逐步提升。班级活动内容与形式如果刻意追求花样翻新，保持高刺激度，容易给学生带来审美疲劳。如班级组织的各项评选活动，间隔时间长了，会削减教育力度；开展得太频繁，则显得太随意。对此，有的班级经全体学生商量，决定一学期组织两次评选，一般在上、下半学期的中途举行，每次只评三项。那个时间节点没有考试任务，评选活动效果良好。

案例链接

爱心义卖"卖"出好习惯

一年一度的"爱心义卖"活动又要开始了，作为学校的传统活动，我们班级每年都非常积极地参与其中，孩子们纷纷拿出了家里的书籍、文具和心爱的玩具等，可细细想想，都没有什么特色，而且，在轰轰烈烈的活动之后，似乎也没有给孩子们带来什么深刻的影响。因此，今年，我想有所创新，聚焦一个小主题，不仅要让活动办得有意义，还要让我们班的摊位与众不同。于是，我决定找班干部们一起商量和策划。

1. 七嘴八舌齐策划

首先，我召开了班级班委会议，我把自己的想法和要求告诉了班委们，让他们说说"怎么样使我们的义卖更有意义？"在我的引导下，大家七嘴八舌地讨论起来了，有的说："同学们以前拿来的东西，种类繁多，这次就确定一个主题，'好书义卖'，怎么样？""'好书义卖'有好处，但是没有创意，而且如果有的同学拿来的书很破旧卖不出去，怎么办？"这样一分析，班委们觉得也有道理，这种提议行不通。立马又有人提出："那我们就自己动手做义卖品，怎么样？""这个主意是好，那材料哪里来呢？""我觉得可以让大家用废品来制作，教室的垃圾桶里经常会有纸飞机、纸手枪什么的小制作，我觉得同学们做得还不错呢！""对，我觉得这个点子不错……"在你一句我一句的讨论中，班委们达成了统一的意见，发动全班同学进行手工小制作，把自己的作品拿出来义卖。看着孩子们讨论的投入劲儿，我不时地竖起大拇指，夸奖他们真聪明。

我心想，目前我们上海正在提倡垃圾分类的新举措，何不将这次活动跟垃圾分类结合起来，引导孩子们开展"变废为宝"的创意活动，不仅能强化他们垃圾分类的意识，而且还能引导他们从小树立"垃圾分类，低碳环保"的生活理念。于是，我顺势引导道："大家的想法不错，我非常赞同。不过老师有一个建议，制作小作品的材料一定要用我们平时学习和生活中用过的废弃物品，用这些废弃的物品进行加工，来个'变废为宝'大创造，大家说好不好？"班委们听了，纷纷点头表示同意。

接下来，围绕"是每个人制作小作品，还是小组合作制作小作品"又进行了一番讨论，最后，大家一致认为，以小组为单位，小组成员之间分工合作，让每个学生都有展示的机会。经过近一个小时的讨论，班级的"变废为宝，创意无限——环保手工制作"爱心义卖方案新鲜出炉！

2. 摩拳擦掌齐参与

根据活动开展的需要，我把班级学生分成了三个组，分别是"小巧手组""小小设计师组"和"小小军师组"。"小巧手组"主要负责利用废弃的彩色纸、塑料瓶、易拉罐等废旧物品，加工一件工艺品或其他物品。"小小设计师组"负责给垃圾桶设计分类标志，这些垃圾桶是放置在教室中的，这样不仅有利于"小巧手组"收集可利用的废旧物品，还可减少生活垃圾，在生活中落实环保理念。"小小军师组"的任务则是设计出具有班级特色的爱心义卖场地布置方案，他们不仅要规划好这些小制作的摆放，还要设计出义卖的展板、义卖场地的布置等，任务可不轻呢！

分好组后，大家都开始行动起来。"小小设计师组"任务艰巨，他们为了尽快把垃圾桶设计好，组员们不仅利用中午时间凑在一起出谋划策，放学后还留下来对着垃圾桶比画，做到材料的尺寸精确后才回家分工制作。功夫不负有心人，他们设计的垃圾桶成了班级里一道亮丽的风景线，更激发了同学们主动进行垃圾分类的兴趣。而"小巧手组"也不甘落后，在短短两周内，他们就呈现了多种多样的小制作，有用矿泉水瓶做的储蓄罐，有用洗衣液瓶做的花盆，有用废纸板做的万花筒……看得大家眼花缭乱。"小小军师组"始终保持神秘，每一次我去了解进度的时候，他们总是不肯透露分毫，还向我保证："沈老师，你放心吧，到时候保证你眼前一亮。"听到他们这么说，我也放下心来，毕竟在"小小军师组"的背后，还有一个强大的家长后援团呢。

3. 义卖现场展身手

一个月后，义卖活动如火如荼地开始了。中午，我们每个班先要进行场地的布置，"小小军师组"果然不负众望，他们设计了一张"垃圾分类棋"的游戏图，参与游戏者先投掷骰子，然后根据数字在棋盘上行走，走到指定的格子就根据格子中的提示完成相关任务。格子中可能是一个有关垃圾分类的问答题，比如，大骨头属于什么垃圾？如果回答正确就可选择一件义卖商品，若回答错误就获得一张我们班级自己制作的小书签，书签上写了一些垃圾分类的小知识。当然，格子中还有可能是一个行为，比如"小明觉得垃圾分类太麻烦了，就一股脑儿地把所有的垃圾都倒进了干垃圾桶中，后退 3格"，或者"小丽劝服爷爷奶奶把厨房垃圾和干垃圾分开放置，并且扔进相应的垃圾桶，前进 3 步"，根据指示走到指定格子中后再进行答题。这样的游戏不仅有趣，还让参与的同学们学到了许多关于垃圾分类的知识，真是学习、玩乐两不误呀！同学们看到"小小军师组"的作品——"垃圾分类棋"的游戏图，个个都兴奋起来了，争着要体验一把。

不出所料，下午的义卖现场，我们班成了操场上最火热的摊位，不管是学生还是老师，都对"走棋"游戏非常感兴趣，有的同学玩了一次又一次，有的同学则拿着我们的书签念念有词。我们不仅获得了许多义卖款项，可以捐给需要帮助的小朋友们，而且在无形中进行了垃圾分类的宣传。"小小设计师组"还把自己设计的垃圾桶放到了摊位旁边，指导来参与活动的同学们正确地投放垃圾。所以义卖结束的时候，我们班的摊位旁边几乎没有一点垃圾，这也恰好证明了我们的"垃圾分类"活动非常成功。

看到同学们参与活动时的热情，享受到了丰硕的义卖成果，我很欣慰，创意活动取得了初步成效。

4.后续拓展铸品质

热热闹闹的义卖活动结束了，但对于让孩子们形成环保意识，落实到行动中这一活动初衷来说，这只是个开始。我又思考起来：怎样把教育的效果巩固下来，变成孩子们日常的行为习惯呢？我想，良好习惯的培养需要家校协同，形成合力，才能达到事半功倍的效果。于是，我趁热打铁，把"变废为宝，创意无限"的活动延伸到家庭，在征得家委会成员的同意后，在一次班会上，我班又拉开了"变废为宝，创意无限"——家庭亲子环保手工制作比赛活动的序幕，我还特地做了一张海报，情绪激昂地对活动目标、活动要求、活动时间进行了一番解说，尤其重点强调，班级将对同学们制作的作品进行评比，奖项设有最佳创意奖、最佳人气奖和最佳特色奖，由班级任课老师、班级家委会成员担任评委，评选出"变废为宝"的优秀作品。获奖作品将在教室"生态角"展览一个月。看着孩子们专注的神情，我心里暗喜，环保的意识已经在他们幼小的心灵扎下了根。

（作者：上海市青浦区御澜湾学校　沈程）

跨越千年的智慧碰撞——当古诗词遇上班级文化

担任班主任工作已进入第 12 个年头，班主任如何对学生进行有效的思想教育一直是困扰我的一件事。在多次与学生的交锋中，我曾经言辞犀利地批评，也确实取得暂时的"胜利"，却也让一些孩子默默地滋长出了抵触情绪；我也曾试过苦口婆心的说教，换来的却是当下的"感动"和孩子们依旧"左耳朵进，右耳朵出"的我行我素；我也在班会课上组织过纷繁多样的主题活动，唱歌也好，讲故事也罢，甚至课本剧表演……却莫名成了一个热热闹闹却虚有其表的剧场，孩子们收获了很多欢乐，却没有沉淀下足够的思考。

直到有一天上语文课时，正好讲解我很喜欢的一首词——《定风波》，孩子们都很喜欢，特别是"竹杖芒鞋轻胜马，谁怕？一蓑烟雨任平生"，我跟孩子们讲起苏轼前半生的"开挂"和后半生的大起大落，讲起这几句词暗含的任凭风吹雨打，却无所畏惧的自信和从容。没想到孩子们听了特别激动，纷纷谈起这句话对自己学习、人生的思考。下课后他们还围着我，希望我说说苏轼的其他故事和诗词，甚至有的孩子在周末的读书笔记里记下了这首词，谈了自己的感悟……

我突然意识到，作为班主任兼语文老师的我，其实背后有多么大的一块资源啊！我们历史中涌现了多少优秀的诗词文化作品，"诗言志"，古诗词的核心——"修身明志，陶冶情操"，不就是我们教育最终希望学生能达到的理想目标吗？心动之后必须付诸行动。下面，就是我的实践探索。

1. 厚积

在平时的教育教学中，我每周下发一张补充的诗词材料，配合着我们教材中的单元主题和生活情境，下发的材料有《春之韵》《国之殇》《人之情》《思之美》《理之妙》等，并配上精美的导言，这些诗歌的内核对于孩子们来说，或能引发对大自然的探索，或能激发内心的爱国情怀，或能体会身边容易忽视的情感，或能鼓励他们对理想孜孜不倦的追求，也或告诉他们即使面对苦难，也要有虽千万人吾往矣的勇气。平时，我利用早读课和孩子们一起读一读，聊一聊，并鼓励每位同学每天至少背诵一首。希望能在"厚积"中收到"润物细无声"的效果。

2.薄发

但光靠平时的点点滴滴的积累还是不够的，必须找到一些合适的契机，有针对性地借用这些积累的古诗词开展相关文化教育活动，把我们想传达给学生的点滴教育思想，比较有冲击力地扎根于他们的内心。于是，从2017年起，由我发起，带领整个年级组织了四次比较大型的诗词文化教育活动。

表4.1　诗词文化教育活动

时间	主题	活动主题与形式
2017年	爱国	"沐雅韵芬芳，传中华诗词"　形式：诗词大会
2018年	立志	"洒墨韵留香，润中华文韵"　形式：诗词书法
2019年上学期	自然理趣	"草木有本心，经典咏流传"　形式：诗词诵读合唱比赛
2019年下学期	亲情	中秋诗话　形式：诗词创作

下面，以"沐雅韵芬芳，传中华诗词"诗词大会为例介绍活动的过程。

（1）主题解读

本次活动的主题是爱国教育。"爱国"是一个比较空泛的词汇，在我以往的班主任工作中开展过这方面的教育，方法很单一，通常以口号式为主，这能激发孩子们对祖国的热爱之情吗？我想是不一定的，因为很多时候是流于表面的。真正要激发孩子们的爱国之情，必须让他们亲身体会我们中华文明的灿烂辉煌，这样才能自然而然地产生发自内心的骄傲和自豪！那年暑假央视播出的《中国诗词大会》为我们呈现了一场精彩绝伦的诗词盛宴，也触发了我的灵感，何不将这场诗词盛宴引入班级文化建设中呢？引导孩子们在亲身体验学习中，感悟中华文化之瑰宝，进一步激发爱国之情，从而帮他们树立正确的人生观，形成良好的行为习惯和道德情操。

（2）组织活动

整个活动包括三个阶段，时间持续两个月。

第一阶段，宣传阶段：树仪式感，人心保障。

要把一个活动真正搞好，首先必须赋予它一种仪式感。所以在学期一开始，我就制作了精美的宣传海报，吸引学生前来围观；并且制作了精美的"青浦一中诗词大会片头"，让整个活动显得特别正式和庄重。

第二阶段，准备阶段：分工合作，过程保障。

准备小组：出题、制作、礼仪培训、服装选择等，分工合作，保障活动的顺利展开。

学生准备：鼓励全体学生在双休日观看《中国诗词大会》，激发学生的热情，从心态上保障孩子们能积极参与本次活动。

第三阶段，活动阶段：形式丰富，兴趣保障。

初赛：因为希望人人参与，所以初赛以补充积累的资料和中小学阶段背诵的诗词曲为内容，以笔试的方式，在班会课上统一进行。初赛题目以填空和选择为主，主要是为了检测孩子们日常积累的情况。取优异者晋级决赛。

决赛：18位班级初赛的晋级选手，进行六轮的决赛角逐。

第一轮：接句完诗。必答题，每队自选一组题目，30秒内答完。

第二轮：九宫格主。抢答题，在10道极易混淆的九宫格中找出正确的诗句。

第三轮：无识不知。抢答题，5道选择题，涉及各类诗词的文学常识。同时请老师作专家点评并补充相关知识。

第四轮：视频猜猜猜。抢答题，选手边观赏视频中所作的水彩，边猜相应的诗句。

第五轮：线索猜猜猜。抢答题，主持人提示线索，或猜名胜古迹，或猜诗人、诗句，或猜历史人物、典故，选手们进行抢答。

第六轮：飞花令。围绕"秋""雨"字轮答诗句，经过激烈角逐，两队进入飞花令决赛，围绕"天"字轮答诗句。

观众互动：六轮比赛的中场休息间隙，为了所有同学都能参与到大会中，我们进行了6道"诗词之最"、6道"表情猜诗"的观众互动，掀起全场高潮。

（3）活动效果

我们精心设计和遴选了每一轮的题目，既希望能涵盖学生在积累阶段的收获，又希望能涉及历朝历代的诗词经典，展现我泱泱大国的文化魅力。正因为是精心策划和准备，所以参与本次"诗词大会"的孩子们和老师都表示活动对自己触动很大，学生们纷纷表达了自己的感悟。

"采菊东篱下，悠然见南山""花自飘零水自流，一种相思，两处闲愁"……他们将心中之感化为美的语言，别有一番滋味在心头。参加这次比赛，让我与诗词和古人有了心灵上的共鸣，有了面对面的触动和交流，更与中国历史文化在这片赛场中相遇。

如果没有这次机会，我从来不知道诗词会那么有魅力，我原来又是那么热爱中华诗词。当一句句优美而富有韵味的诗句从我口中娓娓道来，我顿时有一种油然而生的我是中国人的成就感和自豪感。从那时起，诗词不再是冷冰冰的印在白纸上的黑字，它变得有温度，有情感，不再只为考试而生，有了它真正的意义！

通过以爱国为主题的"诗词大会"活动，班主任激发了孩子们对中华民族光辉历史和灿烂文化的认同，增进了孩子们对祖国深厚文化底蕴的了解，让孩子们真正成为中华文化的传递者和发扬者，真正领会中华诗词的魅力。

3. 思考

当初鲁迅先生选择弃医从文，我想多半是因为他相信文化能救治人的灵魂，甚至能救治危亡的国家。

在近几年的班级管理中，我和孩子们针对班级"浮躁"的特性，从诸葛亮的"非淡泊无以明志，非宁静无以致远"中，为自己的中队取名为"致远"，并以"谨言慎行，宁静致远"为班训，时时警示自己；在班级的布置上，孩子们为班级撰写了励志的名言诗句，时时激励自己；在合唱比赛中，我们选取意蕴悠长的诗词来吟唱，体会珍惜青春、把握时光的重要意义；在中秋节时，我们举行了和家人赏月写诗的文化教育活动，共同感悟亲情的美好。

我坚信，当古诗词遇上班级文化，那定是一场跨越千年的智慧碰撞，定会迸发出更为长远、更为深沉的意蕴情怀！

（作者：上海市青浦区第一中学 黄丽燕）

传承民俗，润泽童心——以围绕春节的活动为例

挖掘中国传统节日的优秀基因，提炼蕴含其中的中华美德、民族精神，并使之融入到我们小学阶段的德育活动中，不仅能让我们的传统节日、传统文化得以传承，还能使我们的学生得到传统文化的熏陶，民族精神的感染，从而提高学生的民族文化素养。本文以传统节日春节为例，介绍我在班级实践过程中的主题教育课和课内外的活动方案。

春节，源于殷商时期年头岁尾的祭神祭祖活动，周而复始，形成了过年的习俗。通过班队会形式，根据年段开展顺应学生心理发展和能力发展的课内外活动，旨在让学生了解春节的由来以及相关的习俗，理解文化内涵，增强学生的民族自豪感和自信心，形成尊重传统节日、热爱传统节日的积极态度，并愿意用实际行动传承传统民俗。

1. 整体设计，形成内容体系

在讲述春节这个民俗节日之前，我根据孩子的认知特点进行了年段整体设计，确立了分层目标和具体内容。比如，低年级主要是让学生了解春节是中华民族传统节日，是每一个中国家庭最期盼团聚的日子，浅显地知道一些民俗知识即可；到了中年级，引导学生根据主题查找资料，促使学生主动了解春节的礼节及不同地方的不同习俗，拓展知识面；到了高年级，学生组织

活动能力增强，学生自我意识提高，在具体的专项习俗活动中自我探究，提升传承民族文化的自信心。具体内容安排如下。

表4.2　活动设计

年段	主题	活动内容
低年级	走近节日：春节与民间习俗	1. 低年级主题教育课："小"庆贺，"大"新春。 2. 课内拓展活动方案：红包里的祝福。 3. 课外拓展活动方案："龙"年画贺新春。
中年级	走访节日：班级春晚，辞旧迎新	1. 中年级主题教育课：辞旧迎新过春节。 2. 课内拓展活动方案：红包里的快乐。 3. 课外拓展活动方案：包饺子。
高年级	走近节日：手写春联，送出感恩	1. 高年级主题教育课：喜气洋洋迎新春。 2. 课内拓展活动方案：红包里的智慧。 3. 课外拓展活动方案：集蜜语汇亲情。

2. 活动体验，激发情感共鸣

为了落实活动育人，发挥孩子们的主动性、积极性和全员参与性，我向家长借力，整合家校力量，一起精心策划活动，挖掘活动中的德育资源，使孩子们在民俗活动中感受文化含蕴，提升动手实践能力并发展道德品质。比如，在感受春节这个传统节日中，活动方案可以这样操作。

活动一：红包里的祝福（低年级课内拓展活动）。

活动准备：

红包袋、百元大小的粉色卡纸、固体胶、彩笔、用于装饰的塑料材料等。

活动过程：

第一，选择自己喜欢的图案粘在粉色卡纸上，进行构图；

第二，在粉色卡纸上绘画图片，书写祝福，以表达自己对家长、老师或同学的祝福；

第三，小组交流制作完成的祝福卡，可以说说制作意图、感想等；

第四，将制作完成的卡片放入红包袋，送给家长、老师或同学。

表 4.3　活动评价

评价内容	评价得星	自评	同伴评	综合评
构图有创意	☆☆☆			
制作外形美观	☆☆☆			
交流感情真挚	☆☆☆			

活动二：包饺子（中年级课外拓展活动）。

活动准备：

面粉、鸡蛋、肉馅儿、调料、水（家长全程指导）。

活动过程：

第一，和面：温开水一杯，水里放些许盐，面粉里放一个鸡蛋。水要慢慢倒入盆中，筷子不停搅动，感觉没有干面粉，都成面疙瘩的时候，就可以下手揉，揉面要用力，揉到面的表面很光滑即可，揉至面光盆光手光。

第二，擀皮：取出醒好的面团，揉成长条状，用刀切成小段。用手搓成扁平状，拿擀面杖擀的时候，注意中间厚边缘薄，中间厚防止饺子露馅，边缘薄吃起来口感好。

第三，包饺子：将饺子馅放入皮中央，先捏中央，再捏两边，然后由中间向两边将饺子皮边缘挤一下，防止饺子下锅煮时露馅儿。

表 4.4　活动评价

评价内容	评价得星	自评	家长评	综合评
有制作过程的照片或视频	☆☆☆			
饺子外形美观	☆☆☆			
饺子味道鲜美	☆☆☆			

在活动评价板块，一方面由学生自评、家长评，另一方面我用描述性

的语言对学生的活动进行口头评价，同时也针对学生活动中的参与态度、思考、探究、分析、表达、合作等能力进行综合评价。开放式的多元评价方式提升了学生的自信心，他们为自己的作品感到自豪，在鼓励同伴的同时，学生也收获了友谊。

通过这样寓教于乐的课内外活动，学生的参与性增强了，探究意识也提高了，在与家长配合组织活动的过程中，家校协同的紧密度也增加了。家长们纷纷表示，愿意成为孩子们的学习伙伴和班级活动的外援、组织者和引领者。

3. 总结提升，促进知行合一

在主题教育课和课内外综合实践活动的总结阶段，我会结合我校艺术特色，和艺术老师合作，共同指导学生选择用合适的学习方式呈现学习成果，鼓励多种呈现与交流方式，如绘画、摄影、课本剧、手抄小报、书签、表演等，让学生对活动过程和活动结果进行系统梳理和总结，促进学生自我反思与表达、同伴交流与对话，让"活动育人"落到实处。

作为班主任兼语文教师，我也利用语文拓展课，积极指导学生通过撰写活动报告、日记、小调查等方式，提升个体经验，促进知识建构，深化传统节日的来历、传统习俗和文化基因的主题探究和体验，在动手做、主题探究、设计、艺术创作、交流的过程中体验、体悟、体认，在全身心参与的活动中，发现传统节日之美，体验传统节日民俗风情和感受节日文化内涵，发展实践创新能力，做到知行合一。

我国历史悠久，人文底蕴丰厚，作为班主任，我们可以从传统节日教育做起，身体力行地弘扬优秀中华民俗文化，使我国的传统文化发扬光大！

（作者：上海市青浦区逸夫小学　于淼）

攻略 5 / 家长作用发挥攻略
——实现协同育人

一个孩子的健康成长需要学校教育和家庭教育相互配合。随着社会对教育重视程度和家长对子女期望水平的提升，家校合作意识得到了进一步强化。但总体上看，现阶段我国学校教育与家庭教育的融合尚处于初级阶段，家长与教师在教育观念、教育方法上存在着分歧与矛盾。如何形成教育合力，实现协同育人？本部分将从家校协同的内涵、家校沟通原则、联系与合作渠道等方面进行阐述。

理论概述

家校协同内涵

现代教育认为，家庭与学校在培养未成年人方面是否保持一致，决定着教育的成败。教育部《中小学德育工作指南》提出的六大实施途径，"协同育人"是其中一个。家校有机结合，有利于形成教育合力，使教育实现事半功倍的效果。

为此，学校教育首先要取得家庭教育的配合、支持，家庭教育也需要获得必要的指导。"家校协同"理念意味着学校和家庭是一个系统整体，二者都发挥着不可替代的作用。两者不仅要一致行动，构建共育机制，始终从同样的原则出发，向学生提出同样的要求，而且要志同道合，抱着合作的信念，无论在教育目的、过程还是手段上，都不应发生分歧。学校教育与家庭教育的相互依赖、相互作用，学校和家庭的密切联系和协调一致的配合，首先应落实在班主任与家长的有效沟通上。

家校沟通原则

为实现协同育人，家校沟通是班主任的一门必修课。为建立良好的家校关系，班主任在家校沟通中要把握好以下四个关键词。

1. 共情

共情是取得良好沟通效果的基础。班主任要学会换位思考，体会家长的爱子之心，认真倾听家长的意见，并给予积极反馈。如当家长对自己孩子的座位、作业、成绩等提出意见或要求时，班主任首先要让家长充分表达，了解家长的想法后，再进行有针对性的沟通。

2. 指导

家教指导是取得良好沟通效果的途径。社会上很多岗位都有实习期，唯独家长这个岗位没有，为人父母者都是在无助的状态下上岗的。作为专业教育工作者的班主任，要体会家长的这种无奈，并给予一定的家教指导，如通过多种方式，让家长充分掌握一些理解孩子、要求孩子、减少亲子沟通障碍的教育知识。

3. 规则

与家长保持良好的家校关系，建立规则很重要。不注意交往中保持合适的距离，会影响沟通的效果。在信息化时代，微信的使用在时间、空间上拉近了交流双方的距离，但如果班主任没把握好沟通规则，事无巨细地频频用微信联系学生家长，势必会给对方带来困扰，影响家校之间的有效沟通。

4. 价值

家校合作中，发挥家长的作用是提高协同育人效益的重要一环。为此，班主任可想方设法让家长在教育合作过程中体认自我价值。如邀请家长加入学校的校外志愿者队伍，参与相关活动，或通过家长进课堂等形式参与学校课程教学改革，以增强家长的育人价值感。

家校联系与合作渠道

1. 家访

班主任的家访，根据访问目的，有以下几种：一般性家访、针对性家访、沟通情感的家访。一般性家访，主要是了解学生家庭生活与学习环境，适用于新生或新接班学生；在了解基础上的针对性家访，主要是告知学生的特别表现或突出问题，共商教育对策，适用于少数特殊学生；交换信息、沟通情感的家访，适用于家校彼此不甚了解或因误解而产生分歧等情况，通过如实介绍与心平气和的交流，实现良好配合。

2. 电话联系

通过电话与家长保持经常性联系，在第一时间内传递信息，了解或告知某些问题。内容包括学生最近在校学习状况或出现的异常行为，学校或班级将组织的活动，以及学生在家生活情况等。

3. 家长来访

通常安排在学校的教学开放日、家长接待日，请家长来校听课，感受班主任工作，了解孩子上课情况和在校表现。此时，班主任应妥善接待，主动了解家长来校原委，获取家教信息，或商讨问题处理办法。

4. 家长会

班主任及任课教师与家长面对面交谈，各自提出问题与解决建议，增进相互理解，形成教育共识，协调合作策略。班主任可通过创新家长会形式，变"一对多"为"多对多"，以联谊、恳谈方式让更多家长现身说法、相互研讨，交流家教经验。

5.家长委员会

家长委员会是家长参与学校管理的一种组织形式。班主任可借助这一资源，发挥家长作用。如遇到涉及学生权益的事，可充分听取家长委员会的意见和建议，通过家长教育（联系）家长，开发家教指导、家校合作新途径。

6.家长学校

家长学校是传播家庭教育知识的重要渠道。班主任可通过编写教材、开设讲座，向家长诠释现代教育理念，传授有关学生健康成长的生理、心理卫生知识，转变家长教育观念。同时，针对家庭教育中出现的新问题，共同探讨应对策略。

7.现代信息技术

班主任可利用"校讯通"，将学生每日出勤、每次测验成绩和学校教育动态等信息，通过邮件、手机短信等发送给家长。家长也可借此对教育问题发表个人意见。班主任还可以在班级网页中开设专用平台，利用QQ群、微信群的群聊功能，增进家校沟通，扩大合作时空。

问题解析

创意家长会怎么设计

不少班主任反映，每学期两次的家长会，内容无非三方面：一是学生学习情况介绍，二是强调家长要重视孩子习惯培养，三是给家长提建议。年年如此，家长会走形式，没有新意，以致总有一部分家长请假不来。那么，怎么让家长会变得有创意呢？

家长会要开得"岁岁年年会不同"，班主任需要大胆创新，以下几种形式可供参考。

1. 沙龙式

家长会的主题，可搜集家长关心的问题或热点话题，先呈现于家长群，再发动家委会成员征集家长意见并告诉班主任，班主任把大多数家长关注的事作为沙龙主题，传递给家长，在家长会上共同探讨。如五年级学生的家长对"小升初"有很多疑惑，班主任根据家委会反映，确定家长会的论坛主题是如何看待"小升初"。会上，班主任先就"适应性教育"作了个讲座，然后与家长一起讨论，为家长答疑解惑，提升家长的育儿观念。对此，家长们纷纷表示这样的沙龙式交流很有针对性，满足了自己的需求。

2. 门诊式

现在的学生，生活环境优越，万千宠爱加身，但存在的问题也不少。对此，学校可发挥自身教育资源丰富的优势，把家长会开成"教育门诊"，分设心理健康咨询、习惯培养咨询、亲子交往咨询等"科室"，派出骨干教师"坐堂"，给有需要的家长及其孩子"把脉开处方"，解决家庭教育中的"疑难杂症"，为家校合作增强力量。如针对高中学生选课问题，学校可在家长会正式开始前安排各科教师"出摊"，每人面前放一个台签，上书学科、姓名，便于家长根据自己的需要前去问询。

3. 圆桌式

圆桌式对话，无主次、上下之分，拉近了出席者彼此的距离。班主任和家长围坐在用课桌排成的"圆桌"边，话语平等，在亲密氛围中打开话匣子。先是教师介绍学生的学习情况，再是家长自由提问，班主任或当即公开解答，或稍后个别回复。之后，座位临近的家长则聚焦一些共同话题交流讨论。对此，家长反映：孩子都是同龄、同班，做父母的可说的话太多了。这样的开会让家长像朋友一样拉家常，气氛融洽，谁还会请假不来？

4. 亲子式

家长会向学生开放。举办这样的家长会，旨在营造一种轻松、温馨的氛围，以"与父母说说心里话"等为主题，让双方开诚布公地谈一谈，为亲子间交流感情、增进理解创设条件。提供这样的机会，使家校合作有了利益相关的"第三方"，大家面对育人中的问题，敞开心扉，不遮掩、不回避，协商改变、改进、改善教育的办法和对策。有的低年级家长会，还设计一些特别的亲子交流环节，让家长读懂孩子的需要，让孩子感受父母的关爱。

5. 展示式

缺乏自信，这个心理问题不仅在学生中存在，而且在部分家长中也有。家长会的一种形式，或一次家长会的大部分时间，以展示成果为主，对增强学生及其家长的自信心，可以发挥促进作用。这里的成果，不以考试分数为主。静态的，可以是往日的一篇优秀作文、一次思维独特的数学作业、一件别致新颖的手工制品；动态的，则有现场的书法、绘画、舞蹈、乐器等表演。展示的，除了实物，还可以是音像视频；展示时，除了教师介绍，还可以让学生分工讲解。家长看到孩子那么自信，自己也会自信起来。

6. 分层式

一个班级的学生，学习情况、个性特点各不相同。分层举行家长会，组织存在共性问题学生的家长，或有共同需要的家长，分别召开会议，有目标、有针对性地商量对策，对于提高家校沟通的效率，减少部分家长"陪坐"现象，无疑具有重要作用。分层召开的家长会，由于定位明确、规模小，组织任课教师参与也相对方便。教师和家长的互动频次能加密，交流范围可涉及每个出席者，从而让班主任更多地了解学生的在家情况，使家长们也能各取所需，效果要比全体家长好。

总之，家长会没有固定模式，班主任可以根据不同时期的不同情况，大胆尝试实践新形式，不断提高家长会的效益。

如何与不同类型家长沟通

一位班主任曾为这样一件事郁闷：学生小风和邻班小李打了一架，为此分别请来两位同学的家长，反映孩子情况，希望家长配合教育。没想到那个先惹事的学生的家长，认为自己孩子吃亏了，气势汹汹地说："学校没法解决，我自己解决，我替孩子打回来。"眼看矛盾要激化，只能请学校领导来解决。确实，现在一些学生家长不愿从自己孩子身上找问题，总是一味袒护自己孩子，甚至动不动就用威胁的口气对教师说："你们不处理，我就告到上面去。"那么，面对各种各样的家长，班主任该怎么与他们沟通呢？

如何与家长沟通，是解决家校合作出现问题的前提，也是关键。沟通的目的是达成共识，形成教育合力。为此，班主任与家长交谈时，除了把握沟通原则，还需要掌握一定的沟通技巧与方式。

社会上有三百六十行，家长的职业各异。为此，班主任对学生家长的职业、专业背景、文化程度、工作单位乃至性格特点、个人籍贯等情况，应有一个大致了解，从而因人制宜、有的放矢地采取不同的沟通方式。

对于知识型家长，班主任不妨直截了当地全面反映学生的情况，指出优点与不足，充分肯定家长正确的教育方法和提出的合理化建议，并对其中一些观点适时提出自己的看法。

对于溺爱型家长，班主任与他或她交谈，一般可先肯定其孩子的长处，然后用恳切的语言向家长反映学生的在校情况，委婉地指出存在的问题以及溺爱子女会带来的危害，从而帮助家长全面了解孩子，并积极主动配合学校教育。

对于放任型家长，班主任首先要强调，孩子是未成年人，无论现在怎么样，家长都不能对教育孩子失去信心；还要强调自信在孩子学习与成长过程中的重要性，要求家长主动参与对孩子的教育活动；并及时将学生在学校的点滴进步反馈给家长，激发他们对孩子的信心。

对于离异型家长，班主任要劝说他们不要因家庭破裂而不管孩子，不要因个人恩怨而影响孩子的学习与生活，并要求他们在教育孩子上尽到自己的责任，承担相应的义务。

其实，无论与何种类型的家长沟通，班主任最关键的还是要做到以诚待人、将心比心，由此相互理解，为学生健康成长提供保证。

向家长提哪些建议

一位老师当班主任时间不长，发现班上学生有的常常说谎，有的做作业总是拖拖拉拉，甚至经常不交，有的总爱欺负别的同学。对此，除了及时谈话教育，也联系家长，要求他们配合教育孩子。但与家长交谈时，老师除了说希望家长重视之类的话，提不出专业性建议，班主任应该怎么办呢？

对新班主任来说，这是欠缺专业知识的表现。如何向家长提出有针对性的家教建议，少年儿童出版社出版的《以微课促进家班共育——直面孩子成长中的问题》这本书，分五个方面阐述家长要怎么做，其着眼点如下。

1. 立德修身

培养孩子成人，首先要教孩子学会做人，懂得怎么做一个有责任心、讲诚信、懂礼貌的人。面对孩子成长中出现的道德问题，如喜欢随便拿别人的东西、经常说谎、犯了错不愿意承认、讲粗话脏话、放学后老是不按时回家、抄别人作业、考试作弊、乘地铁公交车插队、常常有意无意地损坏公物等，家长首先要言传身教，以自己的行为影响孩子，其次是教育孩子学习中华优秀传统文化，以此培养良好的道德修养。

2. 崇善尚美

培养孩子懂得宽容、常怀感激、乐于助人，知道这是人与人和谐相处的应有态度。面对孩子成长中出现的品行问题，如没有比较亲密的玩伴或朋友、与同伴发生争执或产生矛盾时有偏执言行、有攻击他人的行为、总觉得父母的付出是理所应当的、对长辈没礼貌、与父母闹矛盾后离家出走、不愿意主动帮助别人等，家长要教育孩子，从小就要有爱心、有同情心，有感恩之心、有助人为乐之心；教育孩子懂礼貌、懂欣赏，学会谦恭、学会和颜悦色地待人；要在言谈举止、为人处世上，培养孩子善心善行，做到对人不刻薄、不挑剔。

3. 启智慧学

面对孩子学习过程中出现的问题，如刚上小学时出现畏学心理、读书做作业时注意力无法集中、不愿参加家长安排的周末补习或兴趣班、学习很努力可效果不理想、学习上依赖性太强、作业拖沓且丢三落四、喜欢看"闲书"、对学习自暴自弃甚至厌学等，家长可结合孩子每个时期的实际情况，引导他养成良好的学习习惯，从中体会到学习的乐趣，进而终身爱学；并针对学习中出现的问题，启发孩子分析思考，应用书中提供的方法解决问题。家长还可以在家里开展亲子共读，陪伴孩子好好学习。

4. 自立自强

面对孩子自主能力培养中出现的问题，如不会整理个人卫生、在家对父母依赖性过强、遇到困难时情绪低落、在家里从来不主动做家务、被人欺负（欺凌）时常常不知所措、攀比心理强烈、沉迷于上网和玩手机等，家长要在保证安全的前提下，放手让孩子去做力所能及的事，同时教给孩子一些自护自救的方法，并给孩子足够的时间去尝试实践，从而培养孩子自主自理能力、自我保护的意识与能力，并在做事中增强责任意识。

5. 健体怡情

每个家长都想让自己孩子的人生能成功，而拥有健康的身心比什么都重要。面对孩子身心成长中出现的问题，如吃饭挑食或吃饭过慢（快）、喜欢吃路边摊贩出售的烧烤食品、不愿意参加户外运动、考试失利后意志消沉、盲目崇拜偶像、有自伤行为、开始早恋（网恋）、脾气固执任性等，家长要指导孩子养成健康的生活习惯，加强身体锻炼，提升抵抗力，使孩子拥有健强体质、良好体能、充沛体力，以保证学习的有效展开。

如何引导家长担起教育孩子的责任

一位班主任反映，星期一早晨，学生小浩被几个班干部挡在教室门外，原因是他双休日不做作业，去网吧玩游戏。班主任教育了他一番后，又联系他的家长，希望他们加强监督。可家长推脱说，孩子在家没人管得住，还是要学校管。又一个早晨，小浩没来上学。这位班主任正要联系家长时，小浩却在母亲的陪同下来了。没等班主任开口，小浩母亲大声说："我儿子不愿意上学，是因为作业不会做，你们不让他进教室。他受到歧视和排斥，心理压力很大，你们老师是有责任的。"当时班主任听了，脑袋嗡嗡直响，又羞又委屈，心想：你儿子作业没做好，反而责怪老师和同学，家长不是让老师管得严一点吗？那么，班主任该怎么引导家长担起教育孩子的责任呢？

现实中，有些孩子一旦出现问题，家长总是先指责学校老师没教好，而不是反问自己有没有尽责。其实，父母是孩子的第一任老师，但很多家长对家庭教育的认知存在偏差。说到家教，不是花钱请老师补文化课，就是教琴棋书画，而没想到家长自己要身体力行。苏霍姆林斯基说："没有家庭教育的学校教育和没有学校教育的家庭教育，都不可能完成培养人这样一个极其细微的任务。"为此，班主任既要对家长加强宣传，又要提高自身的家教指导能力。

1. 向家长宣传法规文件

现在，家庭教育已是有法可依。《未成年人保护法》明确规定：父母应当以健康的思想、良好的品行和适当的方法教育和影响未成年人，应当学习家庭教育知识，抚养教育未成年人。而主动引导家长做好家庭教育，积极与家长合作共育，也是学校教师不可推卸的义务。对此，班主任可依据有关政策文件，帮助家长明确为人父母的责任。例如《教育部关于加强家庭教育工作的指导意见》就对家长提出了以下要求。

一是依法履行家庭教育职责。教育孩子是父母或者其他监护人的法定职责。广大家长要及时了解掌握孩子不同年龄段的表现和成长特点，真正做到因材施教，不断提高家庭教育的针对性；要始终坚持儿童为本，尊重孩子的合理需要和个性，创设适合孩子成长的必要条件和生活情境，努力把握家庭教育的规律性；要提升自身素质和能力，积极发挥榜样作用，与学校、社会共同形成教育合力，避免缺教少护、教而不当，切实增强家庭教育的有效性。

二是严格遵循孩子成长规律。广大家长要根据学生年龄特点和幼儿园、小学、中学阶段特征，把握学龄前儿童、小学生和中学生家庭教育的规律性，明确各个阶段家庭教育的重点内容和要求。学龄前儿童家长要为孩子提供健康、丰富的生活和活动环境，培养孩子健康体魄、良好生活习惯和品德行为，让他们在快乐的童年生活中获得有益于身心发展的经验。小学生家长要督促孩子坚持体育锻炼，增长自我保护知识和基本自救技能，鼓励参与劳动，养成良好的生活自理习惯和学习习惯，引导孩子学会感恩父母、诚实为人、诚实做事。中学生家长要对孩子开展性别教育、媒介素养教育，培养孩子积极的学业态度，与学校配合减轻孩子过重的学业负担，指导孩子学会自主选择。切实消除学校减负、家长增负，不问兴趣、盲目报班，不做"虎妈""狼爸"。

三是不断提升家庭教育水平。广大家长要全面学习家庭教育知识，系统掌握家庭教育科学理念和方法，增强家庭教育本领，用正确思想、正确方法、正确行动教育引导孩子；不断更新家庭教育观念，坚持立德树人导向，以端正的育儿观、成才观、成人观引导孩子逐渐形成正确的世界观、人生观、价值观；不断提高自身素质，重视以身作则和言传身教，要时时处处给孩子做榜样，以自身健康的思想、良好的品行影响和帮助孩子养成好思想、好品格、好习惯；努力拓展家庭教育空间，不断创造家庭教育机会，积极主动与学校沟通孩子情况，支持孩子参加适合的社会实践，推动家庭教育和学校教育、社会教育有机融合。

2.强化合作理念，促进协同育人

（1）明确家校共育的根本

家校共育的最终受益者是学生，使学生能成为德智体美劳全面发展的新时代建设者和接班人。班主任要让家长明白，学业成绩乃至考试分数不是最重要的，发展能力和素养才是孩子成长最关键的核心内涵。现实中，不少学历高、能力弱的高校毕业生，往往很难找到工作；学生毕业后不会独立生活，或者工作起来很吃力，一日三餐靠外卖，就是因为学校教育、家庭教育都存在短板。要改变这种状况，学校和家庭得共同发力，为学生将书本知识用于生活实践提供机会与创造条件。促进学生核心素养的发展，是家校共育的根本目标。

（2）提高教师的家庭教育指导力

教育的本质，是促使受教育者智慧的成长、精神的成长。对此，学校教育主要起引导、指导作用，家庭教育主要承担辅导责任。为增强家校共育合力，学校应着力提高班主任的家庭教育指导力，变经验型指导为科研型指导。当前，特别要抓好对家长学校的指导，将它建成一个家长学习共同体，使家校共育工作有比较宽广的操作平台。同时，在现代信息技术手段应用普遍化的当下，家校联系除了依靠电话、网络等媒体，不应放弃上门家访、书面（学校家庭联系册）等形式，这些传统交往方式的长处是其他手段无法完全取代的。

案例链接

"流动"的学生，"铁打"的家委

1. 生源流动，家委会支离破碎

一年级第二学期刚结束，燕燕的妈妈依依不舍地拿着转学单来我办公室："刘老师，由于婆婆病故，公公一人生活困难，我们最后还是决定回老家照顾老人了。这一年来，谢谢您对孩子的教导！"燕燕是我班级里的小班长，懂事能干，她的妈妈也是一位有责任心的家长，作为班级家委会的核心成员，这一年来为班级做了不少事情。还没等我缓过神来，紧接着，班级另外两名家委会成员也来为孩子办理转学手续，原来是因为孩子不满足上海市中考条件，决定全家回老家了。

五位家委会成员少了三位，为了确保开学后家委会能够正常运作，我抓紧在暑假提前物色了三位家长。可计划永远没有变化快，开学前两天，班级又有三位小朋友转回了老家上学。这突如其来的变化让我有点手足无措。但冷静过后，我进行了反思：我校几乎都是外地学生，流动性较大。虽然低年级很少出现这么多的学生一次性转校，但随着时间的推移，转回外地老家的学生会越来越多。面对这个客观现实，我应当重新思考如何在生源流动较大的情况下，保证家委会的正常运作，将随迁子女家校合作的教育作用发挥到最大化。

2.发挥特长，壮大班级家委队伍

怎样在流动性的基础上，让家委会起到稳定的作用？我想到了班级小岗位制度。班级小岗位制根据每个孩子的特点，让全班每个孩子都能在自己的岗位上发挥作用，推动了班集体建设。家委会不也可以借鉴吗？如果能根据家长的特长优势进行一定整合，"扩招"班级家委会成员，这样无论哪位家长"离职"都不会影响家委会的运作。想到这里，我很快在班级微信群里进行了一次家长职业摸底和特长、爱好的调查。

调查结果统计显示，学生家长的职业主要包括室内设计、企业管理、幼儿保育、销售、绘画等。有了这些数据，我结合学校活动及班级工作需要，对家委会岗位进行了划分，主要分为活动管理、卫生健康管理、后勤管理、财物管理以及家教指导五个区块。每个区块预设一位主要负责人，这几位负责人即为家委会核心成员，鼓励其余家长根据自己的特长、喜好和空余时间自愿报名，不限人数。为了打消家长们的顾虑，我首先在班级微信群和晓黑板等通讯平台做宣传。其次，号召孩子回家动员爸爸妈妈加入班级家委会的队伍中来，此外，我还私下电话联系自己十分"中意"的家长，诚恳地邀请他们加入。

很快，有一多半的家长愿意加入班级家委会中来。之后，我召集新的家委会成员进行了第一次会议。会议中，我对家委会职责又作了一次详细的介绍，大家通过交流商讨，对各自岗位进行了微调和细化，并通过民主推荐产生每个区块的负责人。至此，在整合家长特长后，壮大后的班级新家委会正式成立了。

3. 家班合力，制定特色班本教育活动

建立班级家长委员会是构建家长和学校、班级交流的桥梁与平台。既然班级平台已经搭好，就要发挥其实质性作用。为此，结合本学期学校和班级的工作计划，围绕学习习惯、学习方法、兴趣爱好、卫生健康、家务劳动、社会活动等方面的要求，我鼓励家委会成员发挥各自的优势，设计有益于孩子成长的活动。在和家委会成员们集思广益讨论后，形成了初步的方案，然后，我再把活动初步方案发到班级微信群里，征求家长们的建议。最后，结合家长投票，本学期我们最终确定了如下五项活动。

表 5.1　新学期活动设计

活动主题	活动地点或方式	活动时间	活动内容及分工
课外阅读之中华优秀文化	班级教室	第 3 周	1. 列书目（班主任与刘妍忆妈妈、宁恺爸爸）； 2. 购买或借阅相关书籍，亲子阅读，并做阅读卡（每位家长）； 3. 班级内以"中华优秀文化"为主题的读书交流活动（班主任）。
培养孩子家务劳动	微信群经验分享	第 5 周日后每周一次主题家务劳动打卡	1. 培养孩子家务劳动能力（程思涵妈妈）； 2. 制定每周家务打卡主题（家教指导组）； 3. 监督打卡并作反馈（班主任、谢梦菡妈妈、王鑫诚爸爸）。

活动主题	活动地点或方式	活动时间	活动内容及分工
家长课堂之防止孩子龋齿	班级教室家长会	第11周	1. 本学期班级体检情况介绍（班主任）; 2. 如何防止孩子龋齿（姚恒锐妈妈）。
社区爱心义卖	富申广场	第12周	1. 夏阳街道"爱心义卖"活动宣传（班主任、活动管理组）; 2. 组织"爱心义卖"活动（活动管理组）。
庆元旦	班级教室	第18周	1. 策划节日（班主任）; 2. 排练，准备道具或服饰（班主任、各自家长、后勤管理组）; 3. 布置教室、购买奖品、准备食物（班主任、后勤管理组、财物管理组）。

4. 众人拾柴，班级活动有声有色

在家委会的协助下，班级活动有声有色地开展了。下面，我就介绍我们的社区爱心义卖活动。

爱心义卖能增强孩子关爱他人的意识，养成助人、奉献的良好品质，同时还培养与人交往的能力，发展独立解决问题的能力，提高社会综合实践能力，并能增进亲子关系。于是，我们的活动在这样的背景下展开了。

第一，前期宣传动员。首先，活动由班级家委会活动管理组负责人刘妍忆妈妈牵头，她在班级微信群里发布夏阳街道爱心义卖的相关文件，让家长对义卖内容和细则进行初步了解。其次，我在班级中对本次义卖活动进行宣传，让孩子了解活动的意义和参与的乐趣。

第二，活动前指导。在自愿报名后，我和活动管理组成员一起对报名参加的家庭进行了一次活动前指导，内容包括义卖物品的选择，家长在义卖活动中的角色定位，孩子在活动中应当培养的能力，当天应带的生活必需

品等等。

第三，活动中的参与。活动开始后，家委会活动管理组的家长们安排好自家的"摊位"后，备好相机给参加活动的家庭拍照留念，并帮忙售卖。因为有了前期的义卖指导，每个孩子的物品都卖得很顺利。

5. 后续思考，挖掘外来务工家长优势

自打新的班级家委会成立后，班级活动有了稳定的后援，真正实现了"流动"的学生，"铁打"的家委。在与家委的协作中，我发现这些外来务工的家长有很多独特优势，比如他们普遍吃苦耐劳，擅长农作、了解自然，来自五湖四海的他们有不同的地域文化……如何深入挖掘外来务工家长的独特优势，最大限度地发挥他们的教育合力，是我接下来要继续探索的方向。

（作者：上海市毓华学校　刘晶）

WEI-Family，打造"超级家长会"

六年级新生家长会于晚上 6 点 30 分举行。我在匆忙准备着家长会的有关事项。微信提示音响起，是一位家长发来的信息："龚老师，不好意思，家里临时有事不能参加，请谅解。"不一会儿，张军妈妈发来信息："老师，我的腰不好，不能长时间久坐，所以家长会要请假了，有什么事您直接给我发信息吧。"此时，大部分家长都到了，我粗略统计了一下，有 5 位家长缺席。

家长会分两部分，先集中开大会，听取学校的介绍与要求，然后分班举行。大会结束后，家长们在各自孩子的教室里开始攀谈："你家孩子在班里成绩一直名列前茅，能不能分享一下好的学习方法啊？""我家孩子学科学习不平衡，不知该怎么办！""我家孩子做事一直磨磨蹭蹭的，天天作业写到晚上 11 点，累啊！"在家长们的吐槽中，各学科老师开始介绍学科学习情况。仔细观察家长的表现，有的哈欠连连，有的一直低头摆弄着手机。其实，这种现象几乎每次家长会都能遇到，也不足为奇了。有的家长常常以工作忙为借口，不参加学校的家长会；有的家长虽然来了，可关注更多的是孩子的学习成绩和班级排名，对于其他方面的情况很少过问；还有的家长把自己的不良习惯带到学校，比如，在开会期间，不停地打电话、到教室外抽烟等。

一般家长会每学期至少召开两次，这本是家长和老师沟通的好时机，可是，为何家长们对家长会持这样的态度呢？为进一步了解家长的真实想法，我通过家访去了解他们的真实想法和需求，家长们也坦言："很多家长会形式大于内容。在家长会上，家长就是听课的学生，先听校领导讲话，内容都是一大堆大道理，接着听老师讲话，表扬一下学习好的学生，留下成绩差、有问题的孩子家长，这让有些家长很丢面子。"

为了改变家长会的现状，我和一些老师开始探讨如何开一个成功的家长会，联想到时下流行的一个电视节目叫"超级家长会"，一个灵感从我脑中闪过，对了，可以尝试让家长、孩子一起参与到家长会中来。有想法，必须付诸行动。

1. Warm 亲子环境，拷贝"超级家长会"

期中考试即将来临，为缓解家长和孩子的焦虑情绪，我召开了考前"超级家长会"。模仿《超级家长会》的形式，邀请家长和学生一起参加，考虑到教室空间有限，最终选择在图书馆举行，我和孩子们一起精心布置，让图书馆充满温馨和书香气息。以"预初年级学生适应期习惯培养"作为话题讨论，老师、家长、学生三方面都做好充分的准备工作。

通知下午 1 点家长会开始，没想到家长们在 12 点 50 分都到齐了。家长们有序入座，寻找自己的孩子，而孩子们也偷瞄着父母，眼神交汇时却又紧张地挪开了。

下午 1 点，铃声响起，第一队学生表演顺口溜"夸一夸我们的小伙伴"，第二队同学朗诵"我的老师们"，第三队同学用快板唱起"我为你自豪，六（6）"。在温馨的气氛中，我引出了探讨的话题："孩子们的精彩汇报，相信爸妈们特别欣慰，我们希望他们能健康快乐地成长。但是，孩子们升入初中后适应能力大不相同，比如做作业的时间明显不一样。"此时在大屏幕上显示完成作业时间调查的统计：18:00—19:00 完成的有 2 人，19:00—20:00 完成的有 5 人，20:00—21:00 完成的有 14 人，21:00—22:00 完成的有 19 人，超过 22 点完成的有 6 人，家长们盯着屏幕若有所思。

在小组讨论环节，家长们纷纷吐槽家里"熊孩子"做作业时出现的各种状况，而孩子们也倾诉心声，嫌家长太唠叨，报了各种培训班，周末没有休息时间。我详细介绍了小学与初中课程的区别，让家长和孩子们明白初中和小学有不同的学习方法和要求，但做作业拖沓的问题始终是学习习惯的问题。因此，我请出了学校教导主任王老师给家长们讲孩子的成长规律，王老师用金字塔结构把教育分成五个境界：为孩子花钱，为孩子花时间，为孩子思考，为孩子学习，为孩子改变。理想中的和谐亲子关系应该是"亦友亦师亦亲子"，形象生动的解读为家长带去很多思考。

家长会结束时，孩子们起立，大声喊出："爸爸妈妈，我们会好好学习的。""爸爸妈妈，我们会帮你们做家务的。"……看着眼角湿润的家长们，我知道，首次"超级家长会"成功了。

2. Extensive 话题内容，"抱团取暖"家长会

孩子们平稳地渡过了适应期，我倍感欣慰。但是，在跟家长的接触中，我渐渐地发现不同的家长有不同的诉求，有的家长关注孩子的学习习惯，比如"孩子学习受挫易放弃，怎么办""孩子考试经常发挥失常，如何调适""孩子整天就是玩手机，怎么办"等问题；也有的家长关注孩子的交往表现，比如"孩子总爱跟同学攀比，怎么办""孩子遭遇同伴欺负，怎么办"等问题；还有的家长关注的是亲子关系，比如"孩子不愿意跟父母沟通，怎么办""发现孩子有'早恋'倾向，怎么办"等问题。如何提高家庭教育指导

的针对性？我冥思苦想。

有一次我听了区德育专家的讲座很受启发，她指出，要针对家长的不同需求开展分组式的家庭教育指导，可采用"一对多"的沙龙形式，围绕家长共同感兴趣的话题，在团队中相互交流、相互作用、相互影响。于是，我开始尝试这种做法。针对一部分家长反映孩子对手机依赖性很强的问题，我把对这个话题感兴趣的家长组织起来，开展了一次以"手机，我们不得不说的话题"为主题的家长沙龙，家长沙龙从"困惑呈现—案例分析—理论解读—实践支招"四个环节入手，层层深入，通过分析现实生活中的典型案例，结合孩子生活的细节，引导家长们畅所欲言。有的家长交流孩子使用手机的问题，有的家长提出制定"家庭公约"来限制孩子使用手机的时间等。我从心理学角度对孩子的行为进行了分析，也罗列了沉迷手机不能自拔而带来的危害，以此唤醒家长家庭教育的责任意识，最后提出了合理化的建议，帮助家长们掌握科学的教育方法。这一次的家长沙龙取得了意想不到的效果，家长们纷纷表示，希望老师以后多选择他们关心的话题组织活动。

我把这种形式称为"报团取暖"家长会，在后来的"孩子有不良情绪，怎么办"，"怎样培养学生的抗挫能力"等沙龙活动中，家长们积极参与，每次结束时，家长们都感叹：老师组织的活动正是我们所期盼的。这种"抱团取暖"式的家长会真正为家长们创设了一个类似真实的社会生活情境，增强了实用性。

3. Internet 微课，无处不在的家长会

经过几次形式新颖的家长会后，我跟家长们走得更近了，彼此了解的也越多，家校关系更融洽了，交流的话题也越来越多，从一开始聚焦孩子的学业到现在关注孩子的德智体美劳诸多方面的发展。而且，我发现班中有几个家长在教育子女方面是很有经验的，比如，玲玲同学的妈妈是一名医生，她比较精通卫生防护知识；张宇同学的父母经常带孩子出去郊游，建立了融洽的亲子关系；小孙同学的爸爸是一名警察，他清楚现在社会上很多用手机进

行诈骗的案例；刘浩然同学的妈妈每周安排孩子做家务，锻炼孩子的自理能力等。这么好的资源就是家长教育指导所需要的。于是，我有了一个大胆的设想，何不请在某个方面有经验的家长在班级微信群里给其他家长上微课，进行经验介绍呢？我先私下跟这几位家长沟通，把我的想法告诉他们，希望他们能够将自己的经验介绍给其他家长，"赠人玫瑰，手留余香"，没想到他们一口应允。接着，我和几位家长开始写稿子，制作 PPT，录制微课，大家乐在其中。

在大家的配合下，"孩子在草稿纸上写满一个异性同学的名字，该怎么办"，"孩子喜欢跟家长唱反调，该怎么办"，"非常时期，如何做好个人卫生防护工作"，"如何防止网络诈骗"等微课，先后在微信群里上线，相关课件也同步上传，供大家下载学习。家长们纷纷留言表示收获很大，感谢这些家长的无私奉献。

与此同时，我通过"晓黑板"发送"晓调查"，征集家长们当下最关心的话题，丰富微课的主题。当然，除了家长参与微课讲解，我还发动任课教师一起参与，我自己也会讲解、讨论。

在与家长们的协同努力下，如今的"超级家长会"，让家长们从一开始内心抗拒到之后的渴望参加，树立了较强的家校共育理念；家长们在教育子女方面，也不再那么焦虑和孤独，敢于正视孩子成长过程中出现的问题，少了一些抱怨，多了一些理解和沟通。他们收获的不仅仅是良好的亲子关系，还有家长自己的教育理念。

在实践过程中，我也收获了一些心得。

第一，温暖，"超级家长会"要有温度，要有家的温馨，有家人有商有量的氛围。家长会不仅仅是一次简单的会议，更是教师和家长，以及家长们之间进行心灵沟通的重要渠道。而且要"WEI"——"微"紧密联系当下突出矛盾，切入口要小，解决实际问题，要有榜样引领，有现身说法。

第二，广泛，"超级家长会"的涉及面要广，话题要丰富。学生的问题不仅仅是学习问题，合理管理时间，多方位提升能力更重要。同时也要

"WEI"——"围"，家长们围圈而坐，学习其他家长的好方法，及时发现自己孩子存在的不足，督促孩子做更好的自己。

第三，网络化，"超级家长会"要充分利用互联网，其具有参与度广、信息量大、更新速度快等特点。对于家长而言，孩子在成长过程中出现的各种问题，要有预见性，这就需要家长不断学习，只有这样，孩子才能天天向上。同样需要"WEI"——"威"，那就是建议措施要权威，是经过实践推敲，证实可行、有效的。

（作者：上海市毓秀学校　龚赛华）

合力成大事——家长微信群在班级管理中的有效运用

1. 基本概况与问题分析

（1）基本概况

三年前，我刚接了 2018 届 1 班新生。在高一组班初期，由于自己身体连续出现状况，我错失了高一学生的最佳"养成期"。于是只半个学期，一群异常活跃的学生自我放飞到了一个令人难以想象的地步。

在高一第一学期期中考试后的家长会上，我对家长们这样说："这是一个很有特点的班级。几乎所有的同学都开朗阳光，活力四射，几乎所有的活动他们都踊跃参加，尤其在文体方面。他们保持了许多初中优秀学生的特质：很强的集体观念，愿意牺牲自己并不富裕的时间参与集体活动，活动能力强，表现欲望高。但他们情绪大于理智，热情远甚于沉稳，对寄宿制高中严谨的纪律、高强度的学习缺乏必要的准备。无论在学习习惯、学习态度上都属于仓促应战型。于是纪律问题频出，负面情绪暗长，学业更是陷入前所未有的窘境。"

当我把学生在校情况逐一向家长陈述时，我能清楚地感受到所有父母的不安和焦虑。他们的孩子是经过中考、学校 TI 班考试层层选拔的，许多同学有着相对辉煌的初中经历。父母们不能接受更不能理解短短十周的时间孩子们像变了个人似的，而全寄宿的生活也让父母们感到了鞭长莫及的无奈和无助。

从那一天起，我和家长们共同决定：让"家长群"成为真正的家校热线，共同见证"一群人，一件事，一起拼，一定赢"。

（2）问题分析

第一，适应期问题频发，导致家长对学校质疑不断。

学生和家长普遍对初高中学习生活的巨大差异缺乏必要的认识。尽管越来越多的家长开始让孩子进行初高中衔接性补课，但这远远不代表家长已经作好了应对新问题的准备。这个准备不仅包括提升学生的知识储备、改善学生的学习习惯，还包括家长是否做好了帮助学生"归零""从头开始"等一系列应对未知的思想准备。出于对学生初高中学习生活习惯差异、对试卷分数巨大落差的不适应，家长们在不同的场合以不同的方式表达着对学生学业的担忧，进而质疑老师的教学教法，甚至对学校一以贯之的管理规章表达不满。

第二，旧有经验失效，导致学生应对新生活束手无策。

自恃反应快，轻视平时刻苦的意义；缺少忧患意识，对竞争有麻痹心理——这是一部分学生的真实心理；过分依赖以往经验，认为抓住复习课考前突击，可以立竿见影地收到效果——这是一部分同学的经验之谈。但是高中课程容量大难度高、高中学习反复少、靠自觉，这对刚升入高中的学生来说还很不适应；而高考新政后出现的高一十门课全面铺开，考试三天十门的局面，使得许多学生考前一改平时松松垮垮的状态，连续挑灯夜战，最终成绩依旧一片狼藉。考前信心满满，考后灰头土脸成了班级许多同学的真实写照。

2.应对策略

（1）缓解家长的"起跑线焦虑"

由学生初入高中后种种不如意状况引发的家长诸如焦虑、紧张、怀疑等负面情绪，我把它称为"起跑线焦虑"高中版。一些家长秉持着"不能输在起跑线上"的观念，渴望原本优秀的孩子继续初中的光荣，在高中新的赛道上一马当先，却忽略了新环境下学生必经的"适应—发展—飞跃"的成长规律。

"老师，孩子适应能力差，你多关照。""老师，孩子晚上老失眠，昨天哭了。你找她谈谈吧。"在回复他们"放心吧""聊过了""现在挺好"后，我常常补上一句："孩子是你的，学生是我的。你觉得我舍得亏待他？"这句家长群里的高频句子，成了日后我和家长们融洽相处的感情起点。

期中成绩出来了，很糟糕。家长会上我没有疾言厉色，觉得没有必要因为起跑时的不够优秀就风声鹤唳、兴师动众。尽管我努力地挖掘学生诸多问题中的闪光点，狼狈成绩下的可增长点，家长会依旧压抑沉闷。那天晚上我在家长群里留了这样一句话：不怕输的人才可能赢，我们要勇敢，爸爸妈妈要做孩子的榜样。

高一期末考试结束了。经过一个学期的动荡和努力，一些学生已经从初入高中的迷茫和困惑中走了出来，慢慢找到了自己的位置。但还是有一些学生仍在苦苦摸索。马上要拿着成绩单回家了，从学生的神情上看，这一关很多人不好过。于是，我在家长群里留下了下面的这段文字：

亲爱的爸爸妈妈们，要注意了，再过几天，孩子拿着试卷回家时，不管成绩怎样，请搂着孩子稚嫩的肩，对孩子说：宝贝，你辛苦了！

不管成绩怎样，请给孩子做一顿丰盛的晚餐，祝贺宝贝战胜了复习的艰难。

学习是场马拉松，不是百米赛，一时跌倒了，没关系，爬起来再跑，来得及!

不要让考试抹杀了孩子阳光般的心和笑容。

关注学生的全面进步,是如今绝大多数家长的共识,但落实到行动上,往往还是会出现一些偏差,因为大家都太容易被即时的情绪左右。借助家长群,用文字而非话语的力量,在情绪退潮之时,唤醒理性,强化理念:起步是否领先未必很重要,持续力、忍耐力、心智成熟、身心健康异常重要。

(2)指导家长鼓励学生见贤思齐

"别人家的孩子"作为榜样标杆,如今成了家长们和孩子并不多的交流中的常见话题。可有时候天赋确实很重要,驽马十驾就是超不过骐骥一跃。这时候家长的羡慕嫉妒不仅换不来学生的进步,反而给暂时落后者以很大的打击,反而激化了父母和子女的矛盾。

如何为学生树立榜样?如何让父母口中的"别人家的孩子"对学生产生助力而非阻力?家长们需要被引导,家长微信群是很好的课堂。

英语组要有高词周周默,优秀者(96分以上)会荣登"龙虎榜"。这个榜,我喜欢,家长群里我每周必晒。"晒"的实质是无声的引导。在家长群里不遗余力地晒高词"龙虎榜",包括运动会拼搏照片、创新竞赛奖杯、志愿者服务荣誉证书……利用这个独特的课堂,褒扬所有的非智力因素获得的成功,其目的就是反复引导家长建立一种教育理念:关注学生努力而非一味夸耀聪明,为见贤思齐的行动喝彩而非仅仅为"贤"叫好。

当高词"龙虎榜"上学生们的上榜名字从几个到三十几个、从年级最后到基本稳居年级第一,当我的表情从"流泪"到"加油"到"微笑"再到"鼓掌",当家长们的表情从"抱抱"到"加油"到"出击"再到"鞭炮",我知道,家长群完成了它的教育使命——成功地完成了大部分家长理念的改变:"让每一个孩子以努力为荣"——努力可以使庸常者变聪明,可以使聪明者更优秀。

（3）有效缓解"毕业班综合征"

Y 同学的妈妈一直是班级的模范后援团骨干，几年来经常性地为班级建设出谋划策，任劳任怨。Y 同学也是一个非常大气的男生，特别可贵的是，但凡出现问题，母子二人从来都是反思自己，从不在别人那里找原因。直到那一天——

因为住宿同学有调整，高三第二学期开学我们重新安排了寝室。由于事先没有及时和宿管老师沟通，导致最后出现了两份寝室安排名单，于是率先报道的同学根据自己的理解入住了。姗姗来迟的 Y 同学和他的妈妈，发现学生的室友发生了变化。

"怎么可以不根据安排随意搬动宿舍？"

"为什么有些同学从来不肯付出却总能占到便宜，好的床铺、好的室友都被占了。"

"我们是根据名单搬的寝室！有问题，找学校说去！"……

高考渐近，部分家长对学生学业的紧张甚至超过了学生自己，他们一反常态地关注座位的前后、同桌同寝的成绩，偏执地认为环境对于学生学业的进退至关重要，我把这称为高三家长的"毕业班综合征"表现。

此时的家长群就是一个敞开式的交流平台。经过三年相处，交情笃厚的家长因为家长群，免去了当面争执的尴尬。让当事家长畅所欲言，也请其他家长各抒己见，班主任适时地、有针对性地对考生家长进行心理辅导，最终达成家长间的理解和互谅。

我们在网上常常看到老师为防止意外而制定的所谓的"班级群规"，更有甚者把捣乱者踢出群。殊不知堵不如疏，利用家长群化解矛盾、消除隐患，尤其对工作强度极大的高三班主任而言性价比极高。因为它不仅是化解了一次矛盾，同时将每一次小意外作为一次引导的契机，向全体家长作出及时提醒，防患于未然，示范性教育价值极大。更重要的是，邀请群里家长直面高三学生、家长出现的困扰，很容易建立起"在共同利益面前，家校师生都是同行之人"的情感认同，并最终达成了全体成员的共识，那就是——我们所有的人是一个命运共同体，这个群里的任何一个学生更优秀，都会为其他学生增添新的助力；这个群里任何一位爸爸妈妈的加油，受益的都将是所有的学生。

一群人，一件事，一起拼，一定赢！

3. 成效与反思

2018届1班最终取得的成绩：班级被评为区先进集体；两名学生被评为上海市先进个人并获得表彰；有27名学生获得了各类市级竞赛奖项，其中不乏上海市创新大赛一等奖、上海市物理实验一等奖、上海市作文竞赛一等奖、上海市科普英语一等奖等；高考中，66%的学生被"双一流"高校录取，其中10名学生进入复旦大学、上海交通大学等名校，占比21%。

在快节奏的当下，当"不要输在起跑线上"几乎成为一种社会共识的时候，作为教师，万不可有"立竿见影""快速见效"的企图心。作为教师，需要树立一份职业理念：教育不是工业，不能急于求成，更不能揠苗助长；教育是农业，要精耕细作，要有"守得云开见月明"的耐心。

对于班主任，尤其是高中毕业班的班主任，则更需要有一群真正的志同道合者。这群人首先存在于家长之中。只有当家长被真正动员起来，群策群力，这个集体才厉害。有人说老师带的不是一个班，而是两个班，一个学生班，一个家长班。我认为此言甚是。

家长群为班主任带好"家长班"提供了极好的技术支撑。利用家长群，班主任可以细水长流式地向家长渗透科学的教育理念，通过影响父母群体进而影响学生群体，家校合力，相向而行，这样学校教育才能落到实处，才能与时俱进，才能事半功倍。

当然，不是所有的家长都通情达理，不是所有的事情都会赢得所有家长的支持，但班主任应该相信群体的力量。去体察反对立场背后的原因，而不是简单粗暴地横加指责，这样可以拓展自己的思维空间；去理解不同立场的视角差异，而不要"一言堂"式的独断专行，这样可以建立平等友善的家校关系；至于那些蛮不讲理的声音，不必动气，班主任只要沉默再沉默，自然会有其他家长去提醒、去批评。一旦所有家长被动员起来，一旦正面的声音成为群里的主流，所有的问题都变得简单了。当家长们齐心协力站出来的时候，班级工作、学生工作就顺畅而有效了。

（作者：上海市青浦高级中学　张朝阳）

攻略 6 / **偶发事件应对攻略**
——展现教育机智

班级偶发事件是指班级中突然发生的、预料之外的事件，如学生之间的冲突、学生顶撞老师、个别人情绪爆发等。因为事发突然，师生都无思想准备，也没有充裕时间去思考对策，而且这类事件往往都很棘手。有效处理偶发事件，化消极因素为积极因素，是班主任的职责所在。处理得当，可迅速平息事端，将负面影响降到最低，还能提升教师威信，增进师生情感。而一旦处理不妥，极易使事态恶化，导致师生之间发生矛盾，产生不良后果，甚至酿成难以补救的恶性事故。因此，正确处理班级偶发事件，是对班主任专业素养的考验，本部分将从偶发事件的认知、处理原则与策略等方面进行阐述。

理论概述

班级偶发事件认知

班级偶发事件，有课堂内的纠纷，但更多的发生在课外，如学生之间打架、学生意外受伤、教室里私物失窃等，这些事件往往具有突发性、紧迫性、冲击性。突发性，指事出突然，事态发展急剧变化，教师没有思想准备，来不及仔细考虑对策。紧迫性，指事件发生出人意料，处置又不容延迟，需要教师随机应变，作出判断，及时控制，防止事态进一步扩大。冲击性，指事件一旦发生，会引起全校震动，师生的注意力聚焦于事件的前因后果，学校与教师往往得投入大量精力去处理，正常的教育秩序会被打乱，甚至带来一些负面影响。班级出现偶发事件，班主任要正确把控，机智应对，及时处理，因势利导，尽量减少它对正常教育教学秩序的干扰。

班级偶发事件处理原则

偶发事件暴露的问题虽然各种各样，但也有其共同点，班主任处理时需遵循以下几个原则。

1. 及时处理

学生中出现偶发事件，其紧迫性普遍严重，如得不到及时处理，后果不堪设想。一些事件发生后，有的教师往往依据个人主观臆断，觉得不会出什么大事，没有及时采取必要措施，而是等等看，结果一般事件演变为严重事件。如有一天早上，班主任发现班上一女生没来校上课，由于该生平时表现乖巧，成绩也不错，于是该班主任想等上完课再联系学生家长。或许因事情太多，这位班主任直到下午才想起联系家长一事，可是家长说孩子一早就来学校了。这下子家校双方都意识到事态严重，后通过警方查看道路监控，发现女生已乘上去外地的火车。经多方配合，最后终于找到了她（没被拐走）。学生说，自己不想读书，准备去打工。

2. 分清主次

面对偶发事件，要采取什么措施，一定要分清主次。有些班主任将调查事实真相作为重点，未能及时采取有效措施，导致后果严重。如学生在打架斗殴中受伤，教师应立即将伤者送往医院救治，同时通知监护人；不可先去调查真相、分清责任，再由主责方负责伤者救治，从而耽误最佳治疗时机。又如学生发生冲突后，情绪波动大，此时教师不要先急于调查起因，批评教育，而应想方设法稳定学生情绪，之后再与他们分析问题，找出错因。再如有些学生在课堂上与老师、同学发生冲突，然后负气出走。对此，班主任应首先动员一切力量去寻找出走学生，同时通知监护人，不可将大量时间花在了解出走原因上，从而错失找到学生的最佳时机。

3. 保持理智

偶发事件往往出乎班主任的意料，一旦发生了，班主任必须沉着冷静，很好地控制自己的情绪，保持外松内紧的平稳心态。如果惊慌失措，处理不当，那会加重事件的危害性，给学生、学校带来更大损失。如上课时有学生突然晕倒，若教师手足无措，则其他学生会更紧张，不利于事件的有效处理。又如学生打架事件发生后，有的班主任不能冷静处理，而是戴着有色眼镜，依照学生平时表现和自己的主观臆断，忙于下结论，甚至不管三七二十一，先骂一顿再说。更有失去理智者，将某个学生的问题迁怒到整个班级，真是自毁形象。

4. 汲取教训

对偶发事件，班主任不光要处理好，还要善于从中汲取教训，用这一案例教育学生，教育自己，让大家不要重蹈覆辙。现在很多学校都有"留守儿童"，这些学生因父母长期不在身边，无人管束，对自己前途感到非常迷茫。不少人经常出入网吧，与社会不良青年为伴，以致厌学、逃学。如一名男生逃学外出打工，因为没有什么文化，没有劳动技能，不得不回家。班主任对该生没有放弃，也没有大声批评，更没有劝退，而是利用这个机会，让他自己反思，并请他以自己在外打工的遭遇，与同学们交流谈心，让大家认识到知识的重要性，明白"书到用时方恨少"的道理。

5. 以平等的身份出现

班主任处理偶发事件，应以平等的身份出现，这样学生才会口服心服。一位班主任刚接手一个班级时，有个学生经常出问题，多次教育仍无悔改。一次班会课，班主任一时冲动，一句吐槽脱口而出。顿时，那个学生火冒三丈，要与老师对着干。班主任意识到自己的失误，马上改口道："如果哪一天大家认为你是一个真正的男子汉，我就当着大家的面，向你鞠躬道歉。"之后，该生努力改正错误，没过多久，简直像变了一个人。后来，班主任履行了自己的诺言，在班上向该生赔礼道歉。这件事不仅没有影响班主任的权威，反而赢得了学生的尊重。

6. 灵活处理

由于学生之间存在着个体差异，处理同样的偶发事件，班主任可以采取不同的方式方法，绝对不要生搬硬套老办法。如同样是上课迟到，对于那些经常迟到的和偶尔迟到的，性格内向的和性格外向的学生，需要采取不同策略。还有，课堂上会经常发生一些影响不大的偶发事件，这类问题如果与全班有关，可当场处理；如果是局部的，可个别处理。有些课上的问题，也可课后处理。总之，偶发事件的处理，方法要灵活，手段可多样。

7. 爱护学生

班主任处理学生偶发事件，要尊重学生的人格尊严，基于学生的心理特点和未来发展的需要，负责任地分析问题，采取合适的措施，作出合理的决定，而不能从整治学生的角度去思考对策，甚至设法赶走成绩不佳的学生。也许有时候，教师的处理办法并非十全十美，但只要真正从教育事业的需要出发，真正从爱护学生的立场出发，力求做到宽严适度，掌握分寸，并且能有错必纠，哪怕开始时处置有些不当，也终究会得到学生的谅解与支持。

8. 遵循法规、规章

班主任处理偶发事件，切忌从个人好恶出发，必须依据党和国家的法规政策，遵循青少年学生身心成长规律，符合学校规章制度，这样才能使当事人口服心服，起到应有的教育作用。如一名9岁男生，上课总是捣乱，影响其他同学学习。教师一再对其教育无效，就通知他父母将他带回家，教育好后再送来。父母几次送孩子返校，均遭到拒绝。家长为此投诉，认为教师侵犯了孩子受教育的权利。老师也生气地说："他在学校扰乱课堂纪律，侵犯了其他同学受教育的权利。"但是，不让9岁儿童来校上课是违反义务教育法的，教师的做法显然不对。

班级偶发事件处理策略

偶发事件防不胜防，如果处理欠妥，就会给学生及其家人带来痛苦。恩格斯说："所谓偶然的东西，是一种必然性隐藏在里面的形式。"班主任要善于从偶然中认识必然，防患于未然；对偶发事件应以积极、灵活、慎重的态度妥善处理，尽可能减少事件的负面影响，化不利因素为有利的教育因素，以下择其要点举例说明。

1. 依法履职，抓住关键

学生绝大多数是未成年人，在校学习期间，教师有责任保护他们的人身安全，防止其受到侵害。学生晓峰的遭遇就为我们敲响了警钟。

学生晓峰正在上课，一名自称是其兄长的男子来找他，说因为晓峰父亲有急事，让他来接孩子。班主任问晓峰是否认识这名男子，晓峰肯定地说："他是我堂兄。"鉴于安全考虑，班主任联系晓峰的父母，但家长的手机无法打通，也没有其他联系方式。此时，晓峰的堂兄又称事急，不能耽搁太久。于是，班主任只好让晓峰跟随他堂兄走了。可后来谁也料想不到，晓峰竟被他堂兄绑架并杀害了。

《民法通则》第16条规定"未成年人的父母是未成年人的监护人"，第18条规定"监护人依法履行监护的权利，受法律保护"。故只有未成年人的父母可以决定、代理未成年人的行为，其他人均无权决定。案例中的学生晓峰正在上课，此时学校对该学生负有教育、管理职责。学校将正在上课的未成年人交由监护人以外的人，而未征求监护人的同意，使学生可能遇到生命危险，学校的行为具有一定的违法性。让学生的堂兄把其带走，使学生既不在父母的监护之下，又脱离了学校的保护范围，从因果关系看，堂兄的实施行为与学生损害后果之间有直接的因果关系，而班主任让其堂兄将其带走的行为，也是学生被害的原因之一，故班主任的行为与损害后果之间亦具有一定的因果关系。

这个案例告诉班主任，要强化学法、懂法，并依法履行自己的职责。遇到此类情况，一要问清事情原委，二要仔细核实情况，三要与监护人联系并征得其同意，这是关键。

2. 冷静应对，讲究方法

迅速判断、果断处理偶发事件，班主任既要冷静应对，又要讲究方法。

某次考试，班主任在教室内巡视，发现一女生身旁的地上有一张纸条，捡起来一看，上面写的并非考试内容，而是关于男女性征的一段对话，语言污秽不堪。从笔迹看，对话的另一方是她身后的男生。此时，班主任气不打一处来，正打算立刻将这两人带离考场。当时，他们也大概知道出事了，可是考场内不便说，便以恳求的眼光看着老师。于是，这位班主任极力使自己冷静了下来，将纸条揣进兜里，当作什么事都没发生，离开了教室。事后，两位学生主动到教师办公室，交代了事情的前因后果。班主任又联系其家长，统一认识，共同严肃批评教育了这两位学生。

对这一考试中的偶发事件，如果教师当场就将这对男女学生带离教室，必然会引起全班学生注意，而其他同学知晓了事情原委，极可能会对他们另眼相看，那后果难以预料。班主任当时这样做，尽可能地减少了事件的负面影响，稳妥地处理了此事。

3. 果断处理，把握分寸

青春期的少男少女，最富有幻想，追求浪漫。他们敬佩、感激帮助过自己的成年人，也容易把这种敬佩、感激变成喜欢，并由喜欢而生爱。师生接触较多，关心帮助学生又是教师的职责，于是一些青年教师最易成为少男少女的暗恋对象，其实这是学生性成熟的一种自然现象。

一名高二男生暗恋一位大学刚毕业，充满青春气息的语文教师。他既不是学习委员，也不是课代表，却十分卖力地为老师做事。凡有人上语文课不配合老师，下课后必遭到他指责，甚至谩骂。只要有人问"她是你什么人"，他立刻面红语塞，手捏拳头，摆出搏斗架势。教师节那天，别人送语文老师一份贺卡或一枝康乃馨，他却送了一束鲜花。他还将所思所想写成日记，结果不慎被人发现，引起全班大哗。他感到无脸见人，开煤气自杀，后经及时抢救才脱离危险。

对此事件，班主任是这样处理的：送他一本杂志，内有介绍类似事件和这名学生喜好的文章各一篇，请他阅读并与之交流；从阅读爱好说到类似事件中的主人如何走出困境，通过启迪诱导达到教育目的。当然，还要有其他方法配合，如特邀几个学生与他一起评议类似事件，在交流中给予指导；或请被暗恋的老师直接与之恳谈，让他明白老师对每个学生都一样关爱，他也不例外，并希望他集中精力努力学习。总之，面对这类人命关天的事，班主任既要果断处理，又要把握分寸。

问题解析

如何应对课堂中的偶发事件

一位新班主任反映，自己对维持教学秩序缺乏经验，课堂上总会出现这样那样的问题，如有学生睡觉，或故意大声讲话，时不时打断自己的上课思路。一次他板书时，一个调皮的学生乘机做出怪样，引得全班哄堂大笑。批评他们，还有学生顶嘴。那么，对于新班主任来说，课堂纪律该怎么维护？遇到突发事件如何处理？

课堂上，总会出现一些干扰教学进程的偶发事件。这些事件无论是什么性质，无论发生在谁身上，教师都要冷静思考，理智处理。应对这类问题，班主任不必也不宜采取针锋相对的做法，可以根据当时情况，运用一些技巧。一位高明的教师，还善于挖掘偶发事件中的积极因素，化弊为利，变被动为主动。

如这个上课做小动作的学生，目的无非是出风头，因而用怪异动作引起师生注意。对此类事件，有的老师不会直接指责，或因生气而严肃批评学生，却以风趣幽默的方法当场处理，收到了不错的效果。如一位有经验的教师这样处理——毫不理会，继续不露声色地板书，学生见此很纳闷，教室里很安静。等板书好最后一个字，老师也没回头，说："站起来吧。"然后扭过头去，用手一指学生（其实是虚晃一枪）。此时，全班都把目光投向那个"肇事者"，这位学生一下子脸红起来。教师问他："你刚才干什么了？"他扭扭捏捏地站起来说："没干什么。"老师笑着说："别看我手在写字，可我眼观六路，耳听八方。你如果是孙猴子，那我就是如来佛。"大家听老师这么调侃，都笑了。于是老师继续讲课，学生认真听课，一节课顺利地结束了。

还有一位语文老师，一次上练习课，正在巡视指导时，教室里忽然响起了手机铃声。学校是不允许将手机带进课堂的，听到铃声，大家东瞅瞅西看看，寻找声音来源，有人开始窃窃私语，不专心做练习了。这时，老师发现一名男生一只手伸入课桌抽屉，一只手紧握着笔，看似埋头奋笔疾书，其实脸涨得通红。那是个聪明且自尊心特强的学生，如果直接让他交出手机，他肯定不愿意，那样事情会闹大，影响上课。考虑了一会儿，那位老师突然一拍脑门，说："看我这记性，上语文课忘带语文书了（其实根本用不着书）。××同学，去办公室帮我把语文书拿来。"该生闻言，赶紧从课桌里抽出手，并迅速插进上衣口袋，快步走出教室。一会儿，他拿着语文书来了，很高兴很轻松地把书递给老师（看来已将手机关机了）。于是，老师开始讲题，学生继续做题。事后，该生主动找班主任承认错误，以后每周一来校后就把手机放在班主任那儿，有事需要使用再要。这一因忘了关手机而引出的事件，当时确实分了大家的心，他自己也感到难为情，但又不好意思承认。对此，教师采用转移视线的策略，让学生有个台阶下，顺利解决了问题。

处理教学过程中的偶发事件，这里有几点参考策略供大家借鉴。

1. 因势利导

对偶发事件因势利导，就是挖掘其中的积极因素，以此调节学生的情绪，使学生"移情"于教学。如早前有一位老教师走上讲台正准备上课时，发现不少学生还在激动地对昨晚电视直播的女排比赛议论纷纷。于是他顺势而为，对学生说："同学们，中国女排为国家争得了荣誉，证明了中国人的强大，我们要学习女排的拼搏精神，抓紧每一分钟，上好每一堂课，准备将来为建设祖国作贡献。"这样，学生的情绪很快被引向新课学习。

2. 反客为主

课堂上的偶发事件层出不穷，有时候学生会提出怪题或难题，甚至追问以前曾经讨论过、一时又忘了的问题。遇到这类情况，教师不必急于回答，而是可以反客为主，将问题从另一个方向或以另一种形式提出来，启发学生自己思考，然后综合学生的讨论结果，再解答原来的问题。这种"把球踢回去"的应对办法，效果常常不错。

3. 巧妙回应

有的学生在学习上有一种"打破砂锅问到底"的精神，上课时常常会连续地提一些与教学主题毫无关系或不大联系得上的问题。如果教师被学生这些问题包围后，逐一给予回答，那将影响正常的教学进程，弄不好还会跑题。对此，教师不能有问必答，应掌握主动权，适放适收，用一两句话巧妙应对，适时转移话题。课堂上发生偶发事件后，常常会出现僵局，此时，教师的幽默话语可以起到缓和气氛的作用。

学生打架该怎么处理

一天课间，男生 A 因奔跑撞倒了男生 B，B 认为 A 是故意的，于是两人发生口角，后来动手打了起来。不料 B 一巴掌打破了 A 的眼角，事态变得严重。班主任接到学生报告，立刻送 A 去医院，结果缝了好几针。了解了大致情况之后，班主任对两人教育了一番，又分别请来学生家长协商解决办法。A 的家长要求对方赔偿医药费，还扬言要整容费，因为脸上可能留下疤痕。B 的家长原本愿意负担一切医药费，但一听对方"狮子大开口"，就索性什么都不答应了。事情就此弄僵，班主任只能上报学校，请领导解决。学生之间打架导致的伤害事故，班主任该怎么妥善处理？

处于长身体关键期的中学生容易冲动，常常一言不合就挥拳头。遇到上述伤害事故，如果学生家长通情达理，最好的应对办法是班主任牵头，家长自己协商解决。这样，既教育了孩子，还能让双方家长不迁怒于学校。如果家长不愿意配合，班主任就应上报学校，由学校依法处理。如何处理学生打架事件，很多班主任感到很棘手。处理轻了，解决不了问题；处理重了，会引发更大的冲突，弄不好会"引火烧身"。在此，给班主任提供如下建议。

1. 先让学生冷静下来

发生学生打架事件时，教师若在现场，应大声喝止动手者。如认识动手的学生，可先直呼其名喝其住手，然后要求双方分开。这时候，学生往往处于情绪异常激动的状态，面红耳赤，气喘吁吁。教师如果马上严厉批评，无疑是火上浇油。因此可让学生分开冷静，仔细想一想自己的行为，待他们情绪稳定后，再作处理。而要让学生冷静，教师先要保持冷静，自己不要有情绪。

2. 及时了解原因

处理打架事件，班主任得及时了解学生为何打架，才能对症下药。一般来说，打架事件的诱因有以下几种：

一是学生自控能力差，经常模仿怪异动作，搞恶作剧，继而破坏公物、欺负同学，由此发生打架的概率最大；

二是学生之间的一些纠纷没有得到及时解决，矛盾激化引起打架；

三是学生因喜欢异性，而对方对别人有好感，为报复而引发斗殴；

四是因双方早有矛盾，或互相怀恨在心，或各自心存不满，都要讨回公道、扳回面子，以牙还牙，最终大打出手。这种情况最为严重。

当事人在解释打架起因时，往往会推卸自己的责任，所以班主任需及时向这一事件的目击者和其他了解事件前因后果的同学调查事实真相，为处理打架事件作好准备。

3. 动之以情，晓之以理

了解整个事件经过后，班主任应根据双方所犯错误的程度及认错态度，进行严肃处理。该批评时，绝不心软。要指出错误的危害性，分析犯错误的深层次原因，让学生真正认识到打架后果的严重性和恶劣性。同时，班主任也要尊重学生的人格，不能将犯错与犯罪相提并论，而应"动之以情，晓之以理"，使学生以此为戒，不再重犯。

4. 分清是非

发生打架行为，学生双方都有过错，而主次、程度等各有不同。处理时，班主任应该请双方家长到校协调，先分清是非，并就治伤及补偿等费用问题进行沟通，达成谅解。然后，根据打架起因、各方伤害程度，厘清双方责任，对照校规、班规给予相应处罚。班主任还可以此为例，对全班进行遵纪守法教育，澄清学生中的错误观念。

重大事件发生后如何应对

为了不让学生因痴迷于手机游戏而耽误学习，很多学校都有这样一条校规：禁止学生携带手机进入校园。一位高中班主任反映，他们学校有很多寄宿生，这些学生中很多人都带了手机，他发现一个没收一个，代为保管，到周末再发还学生。学生对此比较反感，甚至有一名学生还对他说："你没收我的手机，好比缴了我的枪，简直要了我的命！"更何况，有些学生会带两个手机，一个专门给老师代管，一个自己用。而媒体也多有报道，中小学生因手机问题频发自杀事件。面对因手机问题以死相逼的学生，班主任该怎么办？

近些年来，学生因受到教师批评或不堪学业压力而自杀的严重事件，屡见不鲜。

一名15岁学生在教室里玩手机，被班主任发现后没收。时值放学，老师没来得及找他，晚上便与其没在家的父亲电话联系，说明情况。当晚这位父亲与孩子通了一次电话，该生竟跳楼身亡。

一名女生在教师办公室拿走了另一名学生被没收的手机，事发后一直不肯承认。班主任联系其母亲，一起劝导和追问，这名女生最终承认自己拿走了手机，并向老师道歉。母女二人离校后，母亲去上班，女儿回家。母亲下班回家，不见女儿身影，发现书桌上留有一封遗书，才知孩子已跳楼自杀。

一名19岁高三男生，因情感问题从六楼坠下身亡。原来他与同班一女生交往了一段时间，临近高考，女生不愿继续交往，他想不通，于是选择自杀。自杀前的作文试卷上，他写的是遗书，教师批阅时发现，已无法挽回了。

一名高一女生在厕所里吸烟被发现，班主任将她叫到办公室，要求其写出情况说明。该生写好后，以上厕所为由，离开办公室，爬上教学楼五楼，从阳台处跳下。老师发现后立即将她送医院救治，但因伤势过重，抢救无效。警方调查结果证实，教师在事件的整个处理过程中未与该生发生冲突，只是让她写个情况说明。

遇到类似重大偶发事件，学校该如何展开危机处理呢？

1. 重大事件处理流程

涉及轻症：学生因室内外活动造成伤害，如表皮破伤等，由任课教师或现场发现人员及时送卫生室处理，必要时知会班主任和家长协同处理。

涉及重症：学生受伤、自我伤害及突然生病，如开口伤、骨折、钝器撞击伤等，学校卫生室及时将伤病学生送医院救治，班主任随同前往并联系家长，政教处、总务处协同处理。

涉及伤亡事故：学生在校遭受严重伤害，学校及时报告上级教育行政部门，同时组织事故处理组。班主任即时告知学生的监护人，随时通报救助情况，安抚家长。学校事故处理组启动事故起因调查，收集、提交有关证据。

2. 重大事件处理对策

（1）建立预案，责任明确

重大事件一旦发生，现场第一发现教师应按学校的重大事件处理预案，在自己责任范围内主动应对，并马上知会班主任、政教处和学校领导，班主任、学校相关部门迅速按处理流程开始各自的工作，并尽量维持学校正常秩序。学校事故处理组及时上报事故，听取上级和相关部门的指导。处理过程中，设专人负责对外接待。

（2）沉着冷静，积极应对

学生之间因冲突而造成重大伤害事故，双方家长都可能处于情绪激动的状态，甚至出现指责对方、庇护自己孩子等极端行为，或共同把矛头指向学校。针对这类情况，事故处理组与班主任要冷静对待，理智地控制事态发展，尽可能地使当事人平静下来。然后，抓紧时间调查，思考和选择比较合理的解决办法。

（3）公平公正，实事求是

面对学生严重受伤害事件，班主任要坚持公平公正原则，不隐瞒事实，不偏袒任何一方，做好当事人、目击者的笔录，维护学校和双方当事人的合法权益。在调查事件真相、寻求解决办法时，班主任要实事求是，深入第一现场，征求学生和其他相关人员的意见，掌握第一手材料，不主观武断，提出维护各方正当利益的处理意见，供学校参考。

（4）抓住契机，教育学生

学生的重大伤害事故不少都是负面事件。班主任在处理过程中，要善于从中寻找教育因素，以此启发更多学生深入分析，进行自我教育。同时，可以发动学生针对事件带来的危害性，从中吸取教训；探讨解决有不良后果问题的办法，增强法制意识。这样做，可以把对个别学生的教育当作教育全体学生的契机，化不利为有利。

案例链接

呕吐事件发生后

"丁零零……"第一节课刚下课，数学老师就跑进来对我说："小何，你班的小冯同学刚才课上吐了。我已经让校工阿姨去处理了。"

"好的，谢谢！"我一边回应，一边心想：呕吐？什么原因造成的？我得去看看。我便放下手里的活，快步走到教室找小冯。

"小冯，你刚才考试时呕吐了，现在感觉怎么样？"看着孩子苍白的脸，我急切地问。

"肚子还有点痛。"她轻声回答道。

"你早上吃了什么？"我关切地问。

"早上起床就有点难受，所以就喝了一点粥。"她不紧不慢地说。

"哦！"我若有所思，随即拨通了孩子妈妈的电话。电话接通后，我告诉小冯妈妈孩子今天在校呕吐的情况。小冯妈妈告诉我，她知道孩子肚子不舒服，但孩子坚持要先上课，所以就送她到学校了。我一边安慰小冯妈妈，一边建议家长马上带孩子去医院做检查，以免延误病情。

挂了电话，我又转身对小冯说："老师知道你学习很认真，是一个非常有责任心的孩子，但是身体不舒服一定要治疗，只有把身体养好，才能更好地投入学习，对吗？"

"嗯！"小冯眨巴着大眼睛，点了点头。

不一会儿，小冯妈妈就赶到学校接走了孩子。

原以为事情就这样结束了。没想到，第二节英语课结束又有两个孩子捂着肚子来了。

"老师，我……我肚子难受……想吐。"小沈捂着肚子低声说道。旁边的小李也附和着："我也是！"我连忙拿出卫生室下发的两个呕吐袋递给他们："如果不舒服就吐在袋子里。"我又倒了两杯温开水递给俩孩子喝。可水没喝几口俩孩子开始吐了，而且依稀看得出，连早饭一起吐出来了。我又急忙联系了这俩孩子的家长，确认他们今天早上身体没有异常，我建议家长马上带孩子去医院检查。

这怎么回事啊？我心里猛的一下紧张起来了。早晨还好好的，为何第一个孩子呕吐后，其他的孩子也会出现这样的症状呢？我突然想起前不久学校卫生室发的诸如病毒宣传单，可是诺如病毒不会传染啊！意识到问题的严重性和紧急性，我将这起事件马上上报给了学校。

一上午的时间我就在处理学生的呕吐事件。

中午时分我去食堂吃午饭，刚坐下还没吃两口，就听到有人在食堂门口着急地叫："何老师，班上的小张和小钱两个人说肚子痛！"我循声望去，是我们班的几个孩子。我心里咯噔一下：啊，又出事了？

我三步并作两步赶紧走到教室，看到小张和小钱两个人双手捂着肚子，脸色苍白，看样子真的有问题。我一边安慰孩子，一边又马上拨通了这两位学生家长的电话，希望他们尽快带孩子去医院检查。

我心里寻思着：今天接二连三已经有5位同学出现呕吐现象了，这个事情不太对劲！为了不造成恐慌，在等待家长前来的时间里，我又和班级里的孩子简要说明了上午的情况，并提醒孩子们如果有任何不舒服，务必第一时间告诉老师。

小张和小钱被家长接走后，我的心仍一直悬着，时不时就去班级看看情况，看到孩子们开心地玩耍和认真地学习，我的心才逐渐平静下来。所幸的是，一直到放学，类似的情况再也没有发生。

吃过晚饭，因为心里牵挂着这几个孩子，我又电话联系了他们的家长，得知医生诊断都是"急性肠胃炎"，孩子们需要挂水。我安慰了家长几句，准备一会儿去医院看看这几个孩子。还没等我出门，家长微信群里炸开了锅，好几个家长都在反映，孩子回到家也出现了呕吐现象，并指定说是在学校里吃坏了肚子，还说要求学校承担责任之类的话。一瞬间，微信群里的气氛一下子紧张起来，我粗略估算了一下，大约有10个孩子出现了这个症状。为了减少家长的恐慌所带来的负面影响，我马上在群里说，孩子出现呕吐现象，第一时间要及时带孩子就医，确诊是什么原因引起的，至于其他事情，相信学校调查清楚了，也会给大家一个答复的。

毕竟有不少学生出现呕吐现象，我马上向学校再反映情况。

随后，我驱车赶到青浦区中医院急诊室，找到了那几个孩子。让我意外的是，好几个回家后出现呕吐的孩子也在等着挂盐水。家长们看到我后，你一言，我一语，埋怨、担心、着急……我非常能理解家长的心情，我还知道不仅这儿有几个孩子，还有几个去了青浦区中山医院治疗。我安抚好部分家长的情绪、安慰了孩子后，又起身前往青浦区中山医院。

如预料的一样，这里也有好几个孩子正在输液，看到他们脸色苍白、有气无力的样子，我心里很不是滋味。还没等我询问具体情况，青浦区疾控中心的人来向我了解情况。原来医院根据规定，当发现有超过 3 个孩子具有相同症状，且来自同一个班级，便将情况上报了区疾控中心。这架势对于才担任班主任工作两年的我来说着实吓了一跳。

　　正在我不知所措时，疾控中心工作人员问我："你是这些学生的老师？"

　　"是的，我是他们的班主任何老师。"我略显紧张地回答道。

　　"何老师，请你描述一下今天孩子发病的情况。"疾控中心的人边问边做着记录。

　　我详细地讲了事情的经过。

　　"孩子们有吃过学校的饭菜，或喝过学校的水吗？"他继续询问。

　　"前几个孩子都是在午饭前发病的。我问过孩子和家长，他们喝的水也是早上从家里带来的，还没喝完。学校每天清晨 7 点，会有专员检查水质，水机上面有专员的每日签名。放学后发病的孩子都是吃过学校的饭菜的，一部分也喝过学校的水。"

　　"就目前来看，因为发病人数比较多，所以不排除食物中毒的可能。你向学校领导汇报一下，这两天我们会和食药监所去一次你们学校再了解情况。"

　　"知道了。谢谢！"我点点头答应着。

　　等疾控中心人员走后，我和家长、孩子聊了很久，家长们都通情达理，不仅没有为难我，还安慰我，说孩子没事不用担心，只要事情能查清楚就可以了。

　　回到家里，我彻夜未眠。

　　第二天，疾控中心、食药监所等相关单位的人员便来到学校，检测食物和水源等一切可能引起群体性急性肠胃炎的可能。

　　几天后，孩子们身体逐渐恢复。检测结果也出来了：心因性原因。我随即把这个结果转告给了家长们。没想到，原本和善的家长们此时完全不听我的解释，而是认为这是学校联合各部门在推脱责任，没有什么"心因性"的说法。这么多孩子一起发病，不可能完全和学校无关。大家情绪激动地抢着表达，而我根本插不上一句话，也没有人在意我说的话。最后，家长们决定要到学校讨个说法。

事情的发展没有就此结束，怎么办？我马上向学校领导反映这个情况。学校领导商量决定，必须家访，给家长送去真诚的关怀，安抚他们焦虑不安的情绪。

我们买了一些水果，分别走访了几个孩子。一开始家长们情绪非常抵触，不愿意听我们解释。后来在学校领导真诚的解释下，他们心头的疑虑渐渐打消了，气也消了，能理性地看待这个问题。

这件事总算结束了。我写了感谢信给所有家长，感谢他们在这次事件中对我的认可和对事情结果的理解。我还针对这件事情开展了一节班会课，引导孩子关心自己的身体，教给孩子处理偶发事件的方法等。希望能通过这件事情，让孩子学会一类事情的处理方法，保护好自己。

（作者：上海市青浦区逸夫小学　何晓红）

一场"约架"风波

"老师，小洪和小梁打架了！"几个同学急匆匆地跑到办公室向我汇报。

听到打架，我还是比较淡定的。毕竟青春期学生难免有冲动的时候，及时制止，事后教育，往往就会大事化小，小事化了。不过，小洪，怎么会是小洪？小洪是一个娇小可爱的女孩子，情商很高，总是会说一些逗人开心的话，同学关系很好，身边总是围绕着不少小伙伴，成绩稳定在年级中上游。她怎么会打架呢？

我立马冲到"案发现场"，只见小洪和小梁扭打在一起。我的出现似乎让这两个女孩恢复了一些理智，她们松开了拉扯着彼此头发的手。但是，她们心中的愤怒依然没有平复，龇牙咧嘴地瞪着对方。为了防止事态进一步激化，我带着两位女生去小会议室，让她们先平复一下自己的情绪。

没想到，还没有到会议室，小洪就在身后带着哭腔，一边哭一边跟我道歉："老师，是我错了。我不是故意的，你不要生气。"话音刚落，小梁就在旁边呛声道："你不要惺惺作态，都是你挑起的事！"小洪听到小梁的反驳，继续委屈地说："我没有，不是我！"说完，更是放声地大哭起来。听着她俩的辩解声，我心里的气还真不打一处来，各自还都有理由？

到了会议室，二话不说，我让她们分别写下事情的起因和过程。

从她们的描述中，我大概知道了事情的来龙去脉：大大咧咧的小梁和班上很多男同学关系处得很好，平日里常常聚在一起有说有笑的。"能言善道"的小洪为了吸引大家的注意力，总是编造一些关于小梁的"小道消息"，甚至把小梁跟男同学的关系说成了"绯闻"。很快这些"绯闻"传入了小梁的耳朵，小梁可沉不住气了，约小洪放学后把事情说清楚，可小洪却不搭理她，还扬言说要"封杀"小梁。气愤的小梁终于忍不住了，于是就有了开头的那一幕。

大致了解了情况后，我先让小洪同学回教室。小洪如释重负地抬起头，对小梁斜视了一下，转身就走了。小梁则不服气地对我说："老师，您怎么就相信她的话啊？"面对一脸委屈的小梁，我拍了拍她的肩膀，拉着她的手，请她坐到我身边，说："是不是你先动手打人了？""是我先动手，因为她欺人太甚！"小梁立马反驳道。"不管怎么样，打架肯定是不对的。如果你两个人中有任何一个因为打架而受到了伤害，你想过后果吗？那是老师最不愿意看到的结果，今天幸亏有同学及时告诉我，才没有酿成什么大祸。"面对我严厉的质问，小梁低下了头，可还是不服气地说："难道她背后讲我坏话就没有错吗？""打架能解决问题吗？"我的语气提高了八度。听我这么一问，她沉默了。我缓和了一下语气，继续试探道："你有没有想过用其他的方式去解决问题？比如，和她换一种形式沟通，写信或者 QQ 聊天；或者去找一个你们共同的朋友，让她来帮助你们沟通；或者你可以来找老师帮忙解决问题呀！"听到这里，小梁似乎明白了我的意思，慢慢地，情绪也稳定了。她面露羞涩地说："老师，是我太冲动了，太情绪化了。以后遇到问题时，我一定会控制自己的情绪。"最后，小梁向我表态，就动手打人这件事，愿意向小洪道歉。

和性格直爽的小梁谈完话，就要"啃"小洪这块硬骨头了。于是，我也把她请到小会议室。

我直截了当地对她说："小洪，刚才你对我说了'老师，是我的错'，那你说说看，你错在哪里了？"小洪听我这么一说，一时支支吾吾起来："我……我……""今天发生的打架这件事，小梁承认是她先动的手。那你告诉我，她为什么要打你？"我追问道。"大概是她听到我在背后说她。"小洪的脸上露出一丝尴尬。"那你说了什么话，导致她这么不理智，要约你打架呢？"我继续问道。"我就说她跟男同学走得很近，关系太好了……"她有点不好意思地低声说着，还嘟囔了一句，"这本来就是事实啊！""就这么简单？是不是还说八卦之类的话了？"我紧盯着她的眼睛问道。她被我盯得很不自在，眼神有些躲闪，头也低了下去。

我趁势开导道："我觉得，男生跟女生之间相处融洽应该是一件好事，有利于互帮互学，不能绝对说关系好就是在谈恋爱，谁没有几个异性的朋友呢？你同意老师的观点吗？"她眼睛忽闪着，不作声。"作为你们的班主任，我向来主张同学之间要团结友爱，互帮互学，不搞小团体，人心要齐，共同进步。不能因为看不惯她，就背后去说不利于团结的话。试想一下，如果换作是你，被别人这么说三道四，你的心里有什么感受？如果很多人相信了你八卦的话，这会给对方带来什么结果？人言可畏的道理，你懂吗？"在一连串的问题下，小洪终于说了一句："老师，是我错了，以后我不随便乱说了。""在这件事情上，要不要给小梁道个歉？""嗯。"小洪爽快地答应道。我继续因势利导："同学之间要学会尊重彼此，学别人的长处，看自己的不足，这样才能让自己进步。"

在一节午会课上，我首先指出了班级最近发生的令人不愉快的事情，强调了《中学生守则》要求，同学之间互相尊重、团结互助、理解宽容、真诚相待；不利于团结的话不说，不利于团结的事不做；要自觉维护班级荣誉，营造良好的班风和学风。"人非圣贤，孰能无过"，同学之间一旦产生矛盾，要理性地解决问题，我们允许同学犯错，也给同学以改过的机会，知错就改还是好学生。最后，在全班同学友善的目光下，小洪和小梁都表达了自己的歉意，并且握手言和。

在这场"约架"风波中，小洪在背后说小梁坏话，其根本原因就是她本身的虚荣心作祟，希望能够得到大家的关注。希望自己成为大家的关注点本身无可厚非，是性格使然，但是到底用什么样的方式来成为关注点需要老师正确引导。处于"三观"形成期的学生容易受外界的影响，促使他们去模仿一些比较低级、恶趣味的方式去成为所谓的"校花""校草"。班主任应该及时地预设到他们可能会出现这样的问题，在班级中开展活动，比如主题教育课、谈话沙龙等，引导学生正确看待这些问题，从提升自身做起，成为一个真正发光发亮的学生。

（作者：上海市青浦区珠溪中学　王思远）

一封"情书"的风波

1. 发现"情书"

那天，下课的铃声已经响过，我正在办公室批改作业，只见班长跑来报告，说数学老师叫我去一下，这意味着什么？班里一定出事了。

我疑惑且气愤地推开教室门，眼前是这样一个场景：王老师站在讲台前满脸通红，玲玲在自己的座位上站着，低着头，但难以遮住她那羞红的脸庞，还在不停地抽泣。令人惊讶的是，后面还站着两个男同学 A 和 B，两人一脸的不服气。

王老师见我进来，连忙向我抱怨道："你看看，课上 A 同学居然传'情书'给玲玲。我正批评着，竟然还有人替她打抱不平，说不是她的错，是别人给她传的。看看他们的心思放在哪里去了……"王老师气不打一处来，一边数落着俩学生的不是，一边晃了晃手里的那张纸条。

什么？"情书"？这么小的孩子怎么会？容不得细想，我赶紧从王老师手里接过这张纸条看："什么时候，我的梦里有了你？什么时候，我不再无忧无虑？什么时候，我不再随便放我的日记？我一时想不起，我只知道，我总想看到你，喜欢与你在一起！期盼你教我解难题……"看着这似乎在电视上才听得到的台词，我感到惊讶万分，仅仅是七年级的孩子，却有着如此细腻的情感。我愕然了，在不赞同这种行为的同时也多了份异样的欣赏。此时，我扫视了一下教室，发现全班同学有的在窃窃私语，有的一副很感兴趣的样子，有的瞪着好奇的眼睛，大家都在等着我发话呢。我当机立断，先缓和一下气氛，平复大家的情绪，以后再作打算。于是，我就不动声色地对全班同学说："从作文的角度来看，这是一段优美的文字，有真情实感，只不过发生在课堂上是很不应该的。"说完，我便朝 A 和 B 两位同学看了看，在我的注视下，他们很不好意思，低着头轻声说："姜老师，对不起！是我们做错了。"我心平气和地说："只要改正就是好孩子。同学们，大家好好休息一下，准备上下一节课吧。"话音刚落，我发现同学们的眼神已从最初的好奇的窥视变为平静的注视，我也不难看出他们内心的惊讶。

随后，我走出教室，表面平静的我心里已经起了波澜，我意识到，那群已经步入青春期的孩子开始有了情感的躁动和不安，我除了要以平常心对待之外，当务之急是如何去引导他们。

2.巧妙布局

几天观察下来，我发现 A 和 B 同学喜欢在下课时围着玲玲转来转去，还时不时地跟她说话。一次，我发现他俩在向玲玲请教数学题目时，为了给谁先讲而争得面红耳赤，而玲玲脸上也不难看出那种羞答答的表情，并不想得罪他俩。我明白了，"情书"事件的平息只是暂时的，其实还是难以隐藏孩子们的躁动，作为班主任，我有责任引导他们正确面对这个"美丽的错误"。

我决定从玲玲同学入手。

玲玲很小的时候，父母就离异了，她一直跟着妈妈生活，妈妈是个要强的女人，在一家合资单位工作，每天起早摸黑，加班加点，就是为了多挣点钱，希望玲玲过上跟同龄女孩一样的好日子。玲玲虽然从小缺少父爱，但是很懂事，也很敏感，自尊心又特别强。为了不让别人瞧不起自己，她就十分努力，学习成绩也非常不错。我想，这么要强的女孩，肯定是比较明理的，但如果单刀直入可能比较唐突，于是我和邻班的班主任徐老师设了一个"局"。

一天中午，玲玲被数学老师叫到办公室，进行数学作业的订正。

由于我们的办公室很大，课间学生进进出出的人也很多，如果不留意的话，一般不知道谁进来了，谁又出去了。所以，我故意装作没看见，埋头批改着作业。

这时，坐在邻桌的徐老师紧张兮兮地跟我说："姜老师，告诉你一件事。一天放学后，我看见你们班张小玲和两个男同学一起进了公园，恐怕早恋了，你可得要注意啊！"

我装作很惊讶，提高了嗓门："你说谁？张小玲？不会！她可是十分努力的女孩，我很看好她的。"

徐老师头也不抬地继续说："你还记得吗？去年毕业的那届学生中有个姓赵的学生，按照他平时的成绩是可以进重点高中的，可就是因为情感问题而耽误了学习，结果进了普通高中。"

我依然坚定地说："其他学生我不敢保证，但我觉得张小玲是不可能的，她才没那么糊涂呢，如果真的是去了公园，也是很正常的。"

在你一言我一语中，数学老师发话了："你们也真是的，张小玲在这儿呢！"

此时，我注意到玲玲惴惴不安的眼神，小脸也不自觉地红了起来。我一边宽慰玲玲，一边在内心暗暗祈祷，真希望她能从我们的谈话中悟出一些道理。

3.吐露心声

第二天早上，我在批改学生随笔时，在玲玲的本子里，意外发现了她写给我的一张小纸条，内容是："姜老师，那天在办公室里我听到你们讲的话了，谢谢您这么信任我。昨天我打算跟您说说心里话的，可是又有点害怕！所以，就把它写在随笔里了。我从小就没有爸爸，A 同学和 B 同学对我很好，A 同学讲义气，B 同学大方，我也很喜欢跟他们一块玩、一块交流，我根本不清楚自己是不是'早恋'了，其实同学们也对我有议论，认为我在跟他们两个谈三角恋爱。我真的很苦恼。"

我深深地舒了一口气，看来"巧妙布局"初战告捷，她愿意向我吐露心声了。

为了帮助玲玲走出成长的烦恼，我决定找她好好谈一谈。

午后，我把玲玲约到了一间小会议室里，这里只有我们两个，我示意她坐在我旁边。她看起来有些局促不安，我微笑着安慰道："不要紧张，老师知道你是好孩子。今天看了你写的随笔，就是想跟你聊聊。"我顺势摸了摸她的头，亲切地说："玲玲啊，进入青春期的少男少女对异性逐渐产生好感、爱慕，这是极为正常的心理。但是如果男女同学之间的交往处理不当，会影响和妨碍中学生的学习和身心健康。老师建议你先看一个故事，相信你能从中悟出你想要的答案。"我拿出一本书，找到《新"蛋"与"鸡"的故事》这页，请她阅读。

看着她边读边若有所思的样子，我知道已不需要我多说些什么了，看完后，她红着脸，低声说道："老师，我看完了。"

我用信任的眼神望着她，说："老师想听听你的看法。"

"老师，我明白了，初中阶段的我们就像一只脱壳的小鸡。享受到'个性发展'的快感，有更多的自由，但也需要有更多的自律。否则，当别人以'风萧萧兮易水寒，壮士一去兮不复还'的英雄气概走向社会时，我们就只能像农夫在享用'最后一顿美味'后，承受'壮士一去兮不复还'的尴尬。所以我现在要以学习为重，跟异性同学之间要学会正确交往。"

听着她的话，我欣慰地笑了，并嘱咐她一定要呵护好这段美好的时光。

4. 以他山之石攻玉

我确信，要强的玲玲可以让自己心中这朵玫瑰花静悄悄地开放，而另外两个孩子 A 和 B 还是需要再作进一步的引导。于是，我又找来了玲玲，告诉她我的想法，她表示愿意配合。

在我的引导下，玲玲对他俩的关心有了明显的变化，从一开始的随意交谈到关心学习，关注行为，并希望他俩在学习上展开竞争，把学习成绩提上去。

我找来了 A 和 B 同学，从他们微微颤抖的举止中，我已看到了他们内心的紧张，因为那堂课的"情书"风波，他们很清楚老师找他们的缘由。

我问他们喜欢玲玲的理由，他们一个说"她学习成绩好"，一个说"人长得漂亮"。是啊，孩子的情感多么单纯啊！这不就是青春的萌动吗？我为他们的天真幼稚感到好笑，也对他们青春的躁动予以理解。

我非常慎重地告诉他们："喜欢上一个人很容易，如果真喜欢她，那也没有错，但要让别人同样喜欢上你就很难了。你有什么本事？现在你们无论是年龄还是心理都不够成熟，还没有到恋爱的季节，不要把更多的精力放在感情上，喜欢她的话，就要向她学习，努力学习文化知识！老师相信，等到你们学业进步，事业有成时，一定会赢得更多人的喜爱。"

他们似懂非懂地点了点头。

就这样，似乎一切阴霾都已散去，班级传得沸沸扬扬的"三角恋"烟消云散了，取而代之的是三个勤奋的身影，玲玲脸上的那丝羞涩也被坦然的笑容代替。我知道原来那个被花季困扰的男孩和女孩，已经可以欣然地走过这段青春岁月。

面对情感的懵懂，年幼的孩子到底知道多少呢？从他们稚嫩的话语中我们不难而知。面对青春的躁动，作为教育者，我们更应该做好正确引导的工作，给予理解、宽容、信任、激励，引导他们珍惜同学之间的友情，学会正确交往。这样看似清风拂水，似水无痕，我们却大可陪着孩子笑意盈盈地注视着成长中的足迹。

（作者：上海市闵行区七宝第三中学　姜萍）

攻略 7 / "问题学生"教育攻略
——凸显因人而异

"问题学生"的教育，是班主任必做的一道难题。教学有法，教无定法；各有各法，只要得法。"问题学生"的问题不可能一样，所以没有"定法"；但不少学生问题的背后有着共同的原因，因此教育也"有法"。每个有经验的教师都各有其法，只要有效，就都算"得法"。其中大家所共知的一"法"，便是"晓之以理，动之以情"。在此，不妨将两个短语对换一下，以"情"为先，"情动于中而行于外"，班主任对"问题学生"的教育，要建立在以情动人的基础上，才有可能奏效。本部分将从"问题学生"的认知、成因与转化等方面进行阐述。

理论概述

"问题学生"认知

1. 内涵界定

"问题学生"是指那些受到家庭、社会乃至学校等方面不良因素和自身存在的、有待改进因素的影响，与同年龄段学生相比，在思想、认识、心理、行为、学习等方面偏离常态的学生。

从心理学角度看，"问题学生"是指在某个时期或一定情境中，自己无法独立解决成长问题，需要他人提供帮助的学生。这类学生的问题首先表现在品德方面，其次是学业、行为、心理方面。他们的"异常"表现，并非因为天生愚顽，不可救药，而是在成长过程中受到某种不良影响所造成的。他们在日常生活中不能严格规范自身行为，法制观念淡薄，是非观念不强，漠视校纪校规，在学业、行为和心理等方面存在偏差或不足。

2. "问题学生"分类

从行为学的角度，"问题学生"可分为如下几类。

（1）厌学类

这类学生的主要问题是不爱学习，上课不听讲、不做作业，将精力用在非学习方面：有的喜欢某种体育活动，有的追星，有的崇尚时髦发型、服装，有的沉迷电子游戏，还有的干脆辍学。有些学生除了不愿在校读书，纪律、品德等方面问题不大，其中不少人可以说是"只要不谈学习，就是好孩子"。

（2）行为偏差类

这类学生的行为问题是习惯性的，甚至屡教屡犯。大多数行为偏差容易分辨，可称为"不动脑筋犯错误"。但有些却不容易区分，如借东西不还、说谎、考试作弊、随便拿别人东西等，容易被归结为道德问题。其实，年幼的孩子有这类问题，并无道德动机，不宜轻易定性。

（3）道德失范类

道德失范者表现为社会行为混乱，即道德价值及其规范不能对学生的社会生活发挥正常的调节作用。这类学生明知自己的行为会给他人造成严重后果，带来痛苦，但为了自己的某种利益而不择手段、执意行事，主要表现在打架斗殴、欺负同学、敲诈勒索、盗窃他人财物、抽烟喝酒、离家出走、不孝敬父母等。他们多数学习不好，上课不遵守纪律。

（4）心理障碍类

这类学生的问题主要为生性孤僻、不合群、胆怯、害羞、自卑、忧郁、躁动、有攻击行为、无法集中注意力、多疑、无法与他人沟通等，有些表现貌似品德问题。他们多数学习不好，品德方面并无劣迹，外向型的有纪律问题，内向型的不违反纪律。

"问题学生"成因

"问题学生"的成因极其复杂，它是行为主体的生理、心理等内在因素和环境与教育等外在因素相互作用的结果，并受社会环境和学校教育条件所制约，也与学生的身心发展水平有关，主要有以下几方面。

1. 外因

学生作为一个特殊的社会群体，包括家庭环境、学校环境、社会环境、人际关系环境在内的外在因素对其身心发展的影响非常重要，甚至是决定性的。

（1）"问题学生"与家庭教育

一名法官认为："青少年犯罪的原因是多方面的，但最重要的是家庭影响，家庭教育的失误是导致未成年人犯罪的根本。"众多案例表明，问题少年是问题父母的产物。

第一，家庭结构变化引发教育问题。

首先，残缺家庭造成家庭教育残缺。由于家庭自然结构被破坏，形成了单亲家庭或离异家庭；由于家庭重组带来经济等问题，孩子往往会成为父母双方的累赘，不仅得不到家庭教育，有时连基本生活都难以保障。

其次，过失家庭使家庭教育缺失或失范。这类家庭成员或道德品质恶劣，沾染吸毒、赌博等不良习气，甚至因参与犯罪活动而被判刑，致使难以承担教育子女的责任，甚至起反作用。而且，父母一方服刑后，另一方提出离婚或离家出走，孩子被迫与祖辈一起生活，或成为"孤儿"。这种现象比较普遍，容易滋生"问题学生"。

再次，留守家庭让孩子失去或缺乏必要的监护。由于父母外出务工、经商或学习，孩子留在家乡，被祖辈或亲戚代管。处于这类家庭的学生，由于教育缺失、情感缺失，极易产生各种心理问题，以致成为"问题学生"。

第二，家庭教育不当带来问题。

家长对子女期望过高，教育过于严厉，甚至使用体罚，已成为家庭教育不当的一个顽症。其中相当一部分家庭非但没有获得预期效果，反而扩大了亲子隔阂，造成了孩子的逆反心理，严重者甚至对父母产生仇恨。

独子家庭对孩子的溺爱、护短也是"问题学生"形成的一个重要原因。它不仅容易使学生产生人际交往障碍，而且容易使学生形成不良行为。

此外，家长对社会不满，对社会主流价值观不认可，对学校教育非议等消极情感，以及自身的道德行为和人格缺陷问题，也会影响到孩子，产生另一种"问题学生"。

（2）"问题学生"与学校教育

第一，评价不当。

学生品德评价的复杂性与操作的简单化，是一对不容忽视的矛盾。它往往会让一些非品德学习的指标，如学习成绩、学习态度以及许多外显行为，如自控力不强、违反校规班规等，被当作评价品德的重要依据。这种不恰当的评价，会使相当一部分学生在品德成长过程中未能获得方向性指导和积极行为的强化。

第二，分数至上。

学校目前存在的"重教书、轻育人"现象，使得学生每天处在学习与考试的焦虑紧张之中，为夺得好分数而投入各科作业的大量操练。教师对学生身心发展过程中遇到的障碍，未予以足够的重视；对有这样那样缺点的学生，缺乏经常性的思想教育和品德行为的严格训练，致使不少人成为名副其实的"问题学生"。

第三，教育失当。

教师对"问题学生"的教育，缺少积极的引导和适当的肯定，有些言行还会伤害他们的自尊心、抹杀他们的自信、加重他们的"问题"。有些教师感到自己无能为力后，就会放弃这些学生，对他们不理不睬，什么都不管。从某种角度说，教师教育观念上的错误、教育方法上的不当，给学生问题行为的蔓延与恶化，客观上提供了条件。

（3）"问题学生"与社会环境

学生中的绝大多数问题，既不是天生的，也不是一朝一夕形成的。究其根源，除了家庭教育不正常、学校教育失误，不良社会风气的侵蚀也是一个重要因素。这些不良社会风气会腐蚀学生的心灵，扭曲他们的价值观。还没有是非能力的未成年人，尤其是低年级学生，很容易受到外界影响，盲目追求时尚、个性，偏离了正常的学习生活。

（4）"问题学生"的同伴关系

据调查，从小学高年级开始，学生同伴之间的相互影响力就开始超过父母，甚至超过教师，"问题学生"更是如此。这些学生一旦被教师忽视，被同学排斥，他们就会不由自主地"抱团取暖"，问题发展也会进入加速期。

未成年人犯罪信息显示，个体独立作案的能力较差，难以和不敢单独实施一些犯罪。他们往往会聚合在一起，由于交流与暗示，得到心理上的相互支持，产生共同的犯罪故意。这种结伙性犯罪成功率较高，社会危害性更大。

这些外在消极因素是相互影响的，家庭、学校和社会只有加强协调与整合，才能抑制其影响。

2. 内因

"问题学生"形成的内因，主要有需求、动机等心理因素，它们对学生行为的发生具有驱动作用，而"问题学生"往往存在如下心理障碍。

（1）自卑心理

对参与学校开展的主流活动，"问题学生"有着较强的自卑心理。其引发因素错综复杂，或家长期待过高，或体质虚弱、基础不好，或学业持续不良，被人看不起。而教师不恰当的教育方式和态度，又会进一步强化他们的自卑感。

（2）失爱心理

"问题学生"一般都游离于群体，认为老师和家长都"瞧不起"自己，因而感到自己无依无靠，心理上有很强的失落感。

（3）对立心理

有的教师和"问题学生"缺乏情感沟通，互不信任，甚至将自己凌驾于学生之上，一旦抓住"问题学生"的把柄，就大做文章。对此，学生也往往采取蛮不讲理的"破坏"策略。

（4）冷漠心理

"问题学生"由于学业不良，无论在学校还是在家里，得到的总是批评和责难。他们认为老师和同学轻视自己、讨厌自己，使自己在班级中受到冷遇和排斥，因而逐渐对学习和集体丧失兴趣，对教育活动产生疏远感，这种冷漠心理很可能泛化为消极对待人生。

（5）补偿心理

"问题学生"由于长期被人看不起，导致心理失衡，他们试图以独特的方式来引起其他同学的注意，证明自己的存在，获得心理满足感。如小学低年级时，学生常喜欢上厕所争谁先到、去食堂谁先拿到饭、放学后谁先跑出教室，以及谁家钱多、谁的衣服上档次等，以惹人注意；高年级时，更偏爱突然怪叫、恶作剧、打架，以显示自己的价值，甚至还以找老师的麻烦为乐。

"问题学生"教育策略

1. 获取真实信息

一位从农村初中考入市重点高中的女生，竟一再偷窃同学财物。先是化妆品，后来是钱。她甚至配了同学寝室的钥匙，拿走了多人的钱物，直到有一次被人当场撞见。

班主任找该生多次交谈，了解她的真实想法。原来，女生的父母一直不和，闹离婚，而她在爷爷、奶奶的悉心照顾下，过着较为体面的生活。由于学习成绩优秀，她在初中过得很不错。到了高中，学习压力很大，她又不合群，加上虚荣心作怪，心理开始失衡，莫名其妙地产生了强烈的嫉妒心。想报复别人，是她偷窃行为的最初动机。后来，孤独感和卑微感又驱使她一再地偷窃。

了解到这些情况，班主任告诉并鼓励她，现在改正为时未晚，还表示对她是信任的。于是，这位女生不仅向同学道了歉，而且制订出了赔偿计划。她的真诚，得到了同学们的原谅。

这个案例表明，为取得学生问题产生的真实信息，班主任不能以经验和逻辑判断替代对学生行为动机的了解与掌握。获取真实原因，首先需要学生对老师有信任感，未深入了解前的任何贸然处理，都会使教育更加困难。

2. 寻找教育时机

对"问题学生"的教育是一种特殊的教育，它需要班主任精心和周密的设计，要把握教育时机。

著名特级教师李镇西的班上曾有位小余同学，身上毛病不少，对教师有较强的抵触情绪。一天，他写了一篇随笔，题目是"战胜自己"，说他很难战胜自己，如因为讨厌学习，就不顾老师和家长的劝说，一次次走进网吧放纵自己。文章结尾的一句话是："李老师，你能告诉我该怎样做吗？"

从小余这篇文章中，李老师读出了他真诚向上的愿望和迷茫的状态，于是马上找来小余。开始时小余对谈话充满戒心，李老师提醒他："你不是要求老师帮助你吗？"他沉默了。鉴于该生缺点较多且自信不足，李老师不要求他第二天就把所有错误、缺点都改掉，但应尽量少犯同样的错误，即使重犯，周期要越来越长。这次谈话获得意外成功，小余有时进步，但又出现反复。李老师提高了对他的要求，告诉他："我想帮助你，三年后把你送进理想的大学。"

这个案例启示我们，学生在作文中暴露了自己的真实想法，教师要抓住这一契机，由此切入。教师要有教育敏感性和教育艺术，教育时机随时会出现，要抓住它、利用它。

3. 提高心理相容性

学生犯错误是避免不了的，而教师怎么对待犯错误的学生，值得深究。教师一般是教育一番，再让学生写份检查了事。著名特级教师魏书生认为这样处理的效果并不理想，于是采取让学生写一份心理活动说明书的办法。他要求学生描绘出犯错前后自己的三张心理活动"照片"：第一张，犯错前，两种思想是怎么争论的；第二张，边犯错，两种思想边交战的过程；第三张，犯了错，对两种思想有何感想。一次，教育局长去他所在的学校考察，见一犯错学生正在写说明书，问学生写说明书与写检讨书有什么不一样。学生说：过去写检讨，越写越恨老师；现在写说明书，越写越恨自己。

这个案例告诉我们，教育要重视学生的心理体验，学生有了经过自我反省获得的认识，才能与教师教育产生心理相容性。

4. 增强集体归属感

某女士回忆自己的中学时代，说班上有一名男生，上课不是睡觉就是做小动作，身上还有一股烟气。很多人都讨厌他，但又对他没办法。因为他对每个说他的人都敢动武，谁只要说一句，就没有好下场。上课时老师批评他，他也敢顶嘴，气死老师了。到了毕业年级，换了班主任，这个男生的许多坏习惯都改了。当时很多同学不明白他为什么变化这么大，难道是知道自己快毕业了，都改了？那位新来的老师对该生好像没有多大"照顾"，只是开学初找他谈了几次话，听说还去过他家。不过有一件事让全班同学印象深刻，有一次他参加足球比赛，老师组织全班同学去为他加油。起初大家都反对，不过老师说了一句："他也是我们班的一员啊。"结果全班同学都去足球场为他助威，那个阵势至今难忘。也不知为什么，经过这样几次助威，他在班里的表现，变好了许多。

这个案例表明，班级是一个学生群体，教师应注意发挥群体的相互影响和感染作用，为"问题学生"与群体之间架起沟通的桥梁，消除他与同学的误解和隔阂，以增强他的集体归属感。

5. 关心生活与思想

学生问题的形成和诱发，也与其所处环境的生活条件、主流思想有关。

教育"问题学生"时，班主任不能忽视外部环境的影响，应进一步纠正学生在是非观、荣辱观和善恶观等方面存在的错误认识。当前，以钱多摆阔为荣、以朋友多为荣、以权势大为荣、以敢和长者对抗为酷等错误观念，在"问题学生"的思想、行为上都比较突出，开展价值澄清教育和关心学生生存条件要同步进行。

问题解析

如何转化学困生

一位班主任说，班上有个男生，父母离异后各自组成新家庭，他与爷爷奶奶一起生活。该生性格内向，平时很少说话，不爱与同学交往。上课时从不主动发言，偶尔让他回答问题，他也总是脸涨得通红，半天憋不出一句话。因为学习成绩很不理想，同学们都看不起他，更不愿意与他交往。进入九年级后，他的学习成绩越来越糟，他不仅作业经常不交，而且几次单元考试几乎没有一门功课及格，甚至还不来上学。班主任去家访，他流露出不想上学的念头。很多任课教师都认为他已无药可救了，那班主任该如何帮助他？

学困生一般都很自卑，容易产生破罐子破摔的自暴自弃心理。学困生如经常受批评、受打击，那么他们会放弃原有的一点希望。帮助学困生消除自卑心理，走出学习困境，教师恰当的引导很重要，这里提出如下建议。

1. 建立良好的师生关系

"亲其师，信其道。"班主任与学生建立和谐的师生关系，真诚交流情感，工作会变得顺利，教育效果也会变好。为此，班主任要对学困生倾注爱心，不歧视、不排斥、不讨厌，并以极大的热情引导他们学习，激发他们的学习欲望，相信他们和其他学生一样能学好，激励他们不断地奋发向上，让他们真切地感受到老师的真情。同时，对他们不放松要求，让他们懂得批评针对的是错误行为，目的是为了改正错误、完善自我，这是一种爱的表现。

2. 帮助学生树立自信心

学困生基础差，意志薄弱，不能实现学习目标，很容易陷入自卑的境地。因此，班主任一要善于发现他们身上的闪光点，及时给予表扬和鼓励；二要多给他们在课堂上展示自己的机会，提高学习自信心；三要给予必要的辅导，批改作业要重鼓励，并辅以督促，让他们体验成功的喜悦，从而树立自信心。这种精神上的满足，会进一步增强他们的学习动力。

3. 促使学生养成良好习惯

学困生不能有效学习的一个重要原因，是他们已养成了一些坏习惯。对此，班主任应着重加强行为习惯养成教育，如课前认真预习，上课专心听讲，课后及时复习。对学困生还要给予特殊关照，勤于观察他们的学习状态，有计划地、循序渐进地进行学法指导，纠正他们不良的学习习惯。

如何面对学生的问题行为

一位班主任接了一个高一新生班，发现一名男生平时行为散漫，爱惹是生非，常常与同学闹矛盾、打架。学校规定寄宿生未经允许不可出校门，他却不知从哪里弄来一张出门证，随便出校门，还在同学中扬言："出校门不要太方便哦。"因为他表现得专横跋扈，同学们都不喜欢他，任课教师见了他也头疼。几乎每节课，他总要闹出点事情。班主任找他谈了无数次，根本没有效果。联系他的家长，方知他父母已离异，他和妈妈与爷爷奶奶一起生活。其父亲来校找过他几次，每次见面话还没有说就对他一顿打，有一次还追到食堂里打他。他自己也索性抱着破罐子破摔的心态，对学校教育怀有抵触情绪。面对有暴力行为的家长和有问题行为的学生，班主任该怎么办呢？

"冰冻三尺非一日之寒"，学生的问题行为是日积月累形成的，简单说教不能解决，这里向班主任提出如下建议。

1. 克服自身认知障碍

对于学生问题行为的处理，班主任需要克服下列四种认知障碍。

一是厌弃心理。"问题学生"往往是学习和行为"双差"，需要教师花费很多时间和精力去纠正，而其效果又不可能一蹴而就。所以，有些教师就把这些学生当成包袱，不仅在言行上表现出厌弃，甚至还希望他们能早点转校、转班。作为班主任，不可轻易放弃任何一名学生，要学会接纳这些"问题学生"。

二是定型心理。有些教师会给一些有问题行为的学生贴标签，这让他们失去进步的自信。正处在"三观"形成期的学生，可塑性很强。班主任不能用"三岁看到老"这种观点看待他们，而应相信精诚所至，金石为开。

三是急躁心理。学生的有些问题行为，尽管教师已多次指出并反复强调，但他们或我行我素、不断重犯，或口头承诺、行动不改。对此，班主任应保持冷静和理智的态度，坚持不懈，相信"只要功夫深，铁杵磨成针"。

四是偏见心理。有的教师发现学生中出现一些不良行为，或教室里的公物被损坏，常常首先想到是那几个"问题学生"所为。一旦"问题学生"真有这些行为，也不给他们悔过、改正、申辩的机会。这会伤害那些学生的自尊心，拉开他们和教师的心理距离。对此，班主任要一视同仁。

2. 用爱心呵护学生成长

"问题学生"成因之一，是他们缺乏爱和呵护。由于受到家庭、社会、学校等方面不良因素的影响，以及自身存在的问题，他们的行为容易偏离常态。为此，班主任要设法接近他们，深入他们的内心，了解产生问题的真实原因，与他们建立良好的师生关系，做他们的知心朋友，平时经常与他们聊聊天，在生活上、学习上多关心他们、帮助他们，使他们产生一种被信任、被尊重的感觉。

3. 发挥榜样的示范作用

中小学阶段，模仿学习是学生心理发展的一个重要特征。有时候，有问题行为的学生不是不想学好，而是缺乏正确的行为导向。这就需要班主任有的放矢地为他们树立身边的榜样，发挥榜样群体的人格魅力和示范作用，形成强大的教育合力。通过榜样的影响，让这些学生关注自身问题行为的改正，渐渐明确努力的方向，不断进步。

4. 找准教育切入点

俗话说，一把钥匙开一把锁。对于学生出现的问题行为，班主任在教育时，要先摸清来龙去脉，找到症结所在，就此切入。如果只说大道理，不仅无效，还会引起学生反感，甚至变得更叛逆。如对于学习态度差，生性又胆小的学生，不宜公开批评其学习不好，可以"私下了结"；对于不遵守纪律，个性又倔强的学生，不宜硬碰硬，需要以柔克刚。说理时，该严厉的就严厉。当然，有时，也可给学生留一点"面子"。班主任如果说得不妥当，就要勇于承认错误，在公开场合道个歉。

如何缓解学生焦虑心理

一位班主任反映，班里一名男生，学习成绩上游，智商中等，性格内向，不苟言笑。他上课从不主动举手发言，教师提问时，他的回答让人不知云里雾里。下课也不和同学玩，总是坐在座位上发呆。但有好几次，他却主动找班主任谈心，一讲就是两个多小时。他怀疑班上有很多人在背后说自己坏话，所以不开心，一直紧张、心慌。看他惊慌忐忑的神情，班主任感到这个学生心理异常。联系了家长，家长说："孩子总是疑神疑鬼的，常常整夜睡不着觉，他也十分痛苦。"面对这种长期形成的心理问题，班主任该如何缓解学生的焦虑不安呢？

中学生焦虑心理的主要特征是孤僻、性格古怪，通常表现为日常生活中远离人群，不喜欢与人接触，对他人怀有过度戒备心理，甚至厌烦、鄙视他人的存在。案例中男生表现的猜疑，即是焦虑心理，其行为特点是自我代入能力太强，总觉得有人在背后议论他，只相信自己的想象和推理，对他人采取不信任、不接纳、不理睬的态度。中学生的焦虑心理主要源于学习，与当下某些教育观念有关。学生由于自幼受到父母的严格教育，入学后老师又过分关注学习成绩，他们的心理很容易出问题。尤其是考试偶然失误，会使学生遭受严厉的批评甚至惩罚。而父母的攀比心理、同学竞争的压力、繁重的课业负担，是焦虑心理产生的重要原因。长期存在焦虑心理，对中学生的学习和生活有很大不利影响。如何缓解学生焦虑心理，建议采取如下措施。

1. 构建和谐的人际交往环境

班主任在班集体建设中，可运用心理科学的理论和方法进行心理健康教育，以攻心为上。一方面，班主任对学生要公平、公正、尊重、信任，并鼓励学生相互沟通、互相信任，要经常自我反省。另一方面，有针对性地建议家长协调好亲子关系，根据孩子的实际情况，给予适当的评价和正确的指导。

2.教会学生正确认识自我

中学生对自己的认知主要依据他人的评价。有些时候，这些认识会有很大的主观性和片面性，从而很容易使学生对自我的认识陷入误区。所以，班主任要引导学生多和父母、老师交谈，善于听取长辈的意见，全面认识自己的优缺点，做到学习取得好成绩不骄傲，遭遇失败不气馁，总结经验、吸取教训，以实际行动弥补自己的不足。

3.教给学生摆脱焦虑心理的方法

班主任要善于运用心理学相关知识，教给学生一些摆脱焦虑心理的常用方法，如追本溯源法、放松身心法、情感宣泄法、意念控制法等。中学生掌握了这些心理学方法，在日常生活中就能进行自我调节。

4.借助心理服务资源，帮助学生解决心理问题

班主任可以引导学生借助学校开设的心理健康教育课程、心理咨询室等平台，充分了解有关心理知识。在学生遇到心理问题时，给他们提供倾诉心声的平台，并让学生以参与娱乐游戏的形式，自己找出问题症结所在，通过有效途径解决问题。

5.形成家校合力

班主任应有意识地将心理健康教育融入家庭，指导家长创设温馨的环境氛围，让孩子通过转移、宣泄自己情绪的方式克服焦虑心理，同时让自己摆脱与子女沟通无助、无奈的困境，使家庭教育和学校教育形成合力。

案例链接

墙角的花

记得刚踏上教师岗位时，我踌躇满志。

开学第一天，我刻意挑选了成熟稳重的衣服，自始至终保持着严肃的表情，始终牢记着师道尊严。这样做的效果也不错，开学前两个星期，我教的两个班的学生见了我都敬畏三分，上课认真听讲，作业也都能按时完成。不过，前辈们提醒我，我班上有个"硬钉子"，他叫金志伟，出了名的难调教，居然曾经有过为了逃学躲在家中米缸一天的传奇故事。我心想，这可是施展才能的好机会，于是我便格外留心起这位学生。

果然，好景不长。才一个月的时间，这个"硬钉子"就和我发生了第一次正面冲突。

"十一"长假结束，同学们回到学校，课代表早早地在我办公桌前等我，她非常尽职地将不交作业的记录本打开，交到我手上。这本小本子在开学第一周没派上过用场，而这时我却傻了眼，上面赫然记录着抄写、预习、小练笔三项作业，金志伟一样都没交。顿时，我火冒三丈，气不打一处来，心想开学才不久，竟然就敢什么作业都不做，这分明是厌学嘛！如果不及时好好地教育他，那么，学习一败涂地是必然的。于是，我毫不犹豫地来到教室，直接冲到金志伟的座位上。

只见他低着头，正在发呆，神情黯然。我心想，决不能"姑息养奸"啊！

"这放假的七天，发生了什么特别的事情吗？"我缓和了一下情绪试探道。

他摇摇头，不作声。

"那是不是身体不舒服，所以没有做作业？"我继续追问。

他还是不作声，头低得更低了。

"那你能给我一个合理的理由吗？"

他继续低着头，连摇头的动作也没有。

任凭我软硬兼施，他始终低着头。

沉默了许久，气氛也紧张起来，最终陷入僵局。我无能为力，我不得不承认，我走不进他的世界，所以我只能站在他的世界外面。

第一次的正面交锋以我的挫败而告终。别人说第一次没把小问题解决好，接下来的大麻烦就会接踵而来。果然，之后他就三天两头不交作业，尤其每逢周末和节假日就更严重。

可是，我始终没有放弃在这场对弈中获胜的信念，从那以后，我时刻注意着他的表现。我发现他上课神情恍惚，很容易走神。下课，或者体育课，他也很少和其他同学交流，也没有同学和他一起玩耍。

彷徨了很久，有一天，我终于抓到了一个机会。

下午第三节课，我站在教学楼的走廊，向操场眺望。只见操场上，其他同学都是三五成群地嬉闹玩耍，只有他独自一人孤独地绕着操场默默地跑着，一圈又一圈，仿佛一个漂泊校园的流浪者。阳光下，他拉长的背影，孤独而寂寞。我心里难受极了，我能感受得到他的无助。

于是，我以最快的速度冲向操场，跑到他身边，默默地和他并排跑着。他抬起头来，看到我，眼里充满了疑虑。我微笑着对他说："老师在减肥，可是没毅力，我看你跑步行啊，以后你就带着我跑步吧。"他略微有些震惊，但是用眼神示意我，他答应了。

从此，操场上多了一大一小两个身影，我们在夕阳下默默跑着，一圈又一圈，一天又一天。我终于知道他厌学的根源，他家境不好，加上性格内向，从小就受到其他同学的欺负，变得越发自闭。他不愿和别人交流，上课走神、作业不会做，老师们自然也不会喜欢这样的学生。他害怕学校，害怕老师严厉的眼神，害怕同学鄙夷的嘲笑。因此，他逃学，他躲在米缸里，躲在衣橱里，那里虽然黑暗却给他安全感。

今年，我成了他的班主任，在全校大家访中，我特意安排去他家家访。

那天，我和我们班计算机老师来到他村村口。他一大早就在那里等着，见到我们，他难为情地说："我们这里很破的，老师你们不该来。"我故作轻松地说："那有什么关系呢？这里田野的风景很美啊。"

可是，显然我言之过早。

辗转来到他家，他父亲已经在门口等候，见我们到了，客气地把我们迎进了他家。他家是老式的房子，光线昏暗，不能说家徒四壁，但是看得出来生活甚是清贫。他跟着我们进了家门，在父亲的提醒下请我们入座，给我们倒水，但是始终低着头。突然，他微微抬起头，很抱歉地小声对我们说："老师，我家很破，对不起。"

我看着他，坚定地回应着他的眼神："不，你家很整洁，今天来我很高兴。"

"老师啊，我家金志伟学习怎么样啊？"他父亲关切地问道。

"金志伟平时学习上比较自觉，"我迟疑了一秒，还是道出了这句话，"可是一到周末就……"

"是啊，这我也知道，"他父亲的脸上并没有丝毫诧异，反而露出了一丝内疚，"我和他妈都没文化，工作又忙，实在没办法监督他的学习。"

于是，我从包里拿出一张纸，工整地写下几个字："一日学习安排表"，并且郑重地对金志伟说道："学习是自己的事情，能不能学好，完全取决于你愿不愿意学，肯不肯学。没有一个大学问家是靠父母逼出来的。虽然，你现在没有好的学习条件，但是只要你下定决心，我相信你会成功的。"说完，我将他一天的生活学习作了安排，并且在这张纸的反面写下一行字"子不嫌母丑，犬不嫌家贫"递到了他手中。

他疑惑地看着我，若有所思。

"不明白其中的意思吗？多读几遍，等你明白了，改天到我办公室找我。"我临走的时候留下了这句话。

第二天一早他果然如期而至。他深吸了一口气，对我说："老师，我懂了，你替我安排的学习计划，我一定会严格遵守，从今天起，我要努力改变自己。"

从那以后，他上课认真听讲，作业按时完成，和同学也相处融洽。后来，他初中顺利毕业了。

作为一位年轻班主任，我有时感到很无助，我没法给予学生很多，但是我想，无论怎样我必须去做些什么，尤其是对那些被忽略的学生。因为教育不是面向少数优秀的学生，而是面向全体学生的。他们其实是更需要关爱的人，他们就像是默默开放在墙角的小花，他们的未来并不一定绚烂，但是总会因为你的一点滋润，而荡漾出一点风采。这样，我的教育也就有了更多的意义。

（作者：上海市毓秀学校　黄蕾）

班里来了一个"回锅生"

说起小星，那在我们学校是一个"大名鼎鼎"的孩子，全校教师几乎都认识他。

小星的家庭比较特殊，妈妈是支疆回沪知青子女，小星出生时，他爸爸已30多岁，中年得子，宠爱有加。母亲的经历和个性导致她对孩子的期望特别高，但是教育方法简单粗暴，平时只要孩子不听话，就是一顿毒打。这样的家庭背景使小星逐渐形成了较严重的攻击性行为。自入小学之后，班级里天天有同学无故被他打，任课教师也遭遇过他的"攻击"。就这样，小星在学校读了三个学期后，成了一名"双差生"。

小星的境况不如意，父母也着急，于是给孩子转学了。可在新的学校，小星仍然故态萌发，致使他"名声大振"。转学一个学期后，家长又提出要求回到我们学校，同时表示不愿意让孩子再回到原来的班级，要求进我的班级。这个"回锅生"，我就此"被迫"接受了。

面对小星这个"回锅生"，我也作好了充分的思想准备。但小星从进入班级的第一天开始，就着实给我来了个下马威。

课堂上，他根本就静不下心听课，哪怕是一分钟也坚持不了。不仅如此，他还做出种种过分的行为：课堂上，只要他举手，老师如果不请他回答，他马上推桌子、踢椅子，扰乱课堂纪律；老师给学生批练习簿时，他全然不顾同学在有序排队，而是横冲直撞"飞"过来；在和同学相处的过程中，稍不如愿，他便莫名其妙地打同学，他的同桌更是常会挨他的耳光；任课教师那些善意的、合理的要求和小小建议，在他看来都是老师在跟他过不去，于是他怒目斜视……

从这孩子种种不可思议的行为背后，我开始思考这样两个问题：这是一个怎样的家庭？这个孩子暴露出的不仅仅是行为问题，更重要的是心理问题。怎么办呢？从我和孩子相处的整整两年半时间里，我试着从心理学角度努力走进小星的内心，了解他的内心感受，帮助他进行心理疏导，具体方法如下。

1. 走访家庭，交换意见，引导家长走出家教误区

从前一任班主任那儿了解到，小星妈妈经常采用棍棒教育，而从孩子身上经常出现的"乌青块"中，我也明显感到这个家庭的教育确实存在很大的问题。因此，我在对其母亲"软磨硬泡"下终于走进了孩子的家。在与其父母的交流中，我发现他的父母都望子成龙，对孩子有过高的期望，但在教育孩子的观念和方法上却存在很大的差异。爸爸总是极力满足孩子的任何要求，想以此换取孩子的进取心，对孩子平时暴露的问题则认为孩子尚小，不必大惊小怪，再加上平时工作很忙也无暇教育孩子。妈妈则是一个高标准严要求的家长，对孩子处处紧逼，一旦发现不符合自己要求的，二话不说就是一顿毒打，还振振有词："打孩子是为了让孩子长记性，不再犯不该犯的错

误。孩子现在不理解，长大了自然会明白我的用意。"可以说是最彻底的棍棒教育。

我抓住家长的这种急迫心理，郑重地指出了他们在教育中的误区，并适时向他们提出一些针对性的建议：一是让孩子有"适度不满足"的欲望，培育孩子的上进心；二是学会控制自己的不良情绪；三是采用科学方法，学会跟孩子沟通。在跟家长的接触中，我首先很坦诚地向家长表示希望通过家校齐心协力，矫正孩子的不良行为，把孩子引导到正确的轨道上来。后来，在多次的家访中，我不仅反映孩子在校的表现，当然包括进步和存在的主要问题，同时还为家长在教育孩子过程中遇到的种种困惑答疑解难。

2. 坚持每天找他谈心

我想或许父母的改变需要一段时间，作为他的班主任，我必须争取更多的时间，争取工作的主动权，让孩子感受到老师的关爱。

于是，我开始了"马拉松式"的谈心工作。每天我和小星进行半个小时的单独交流，地点在心理咨询室。一开始，小星对我的话听而不闻、闻而不动，但我总想方设法找出优点来表扬他，虽然他的进步可怜到不值一提：这节课刚安静了两分钟，下节课的老师又把我叫到了教室——他正在无故大发脾气；一早来没有欺负同学，一节课后，就有学生哭着来告状了。但不管怎样，我相信那扇小小的心门总有一天会向我敞开的。

那一刻，在我的等待中终于到来了。那天，我观察到小星主动帮同桌改好试卷，并把试卷折叠后放进同桌的书包。这种行为，我当着全班同学的面放大、呈现，在全班同学热烈的掌声中，小星眼眶里满是泪水。

自那一次掉眼泪后，我认定小星一定能像其他孩子一样健康成长。于是，我给了他更细致的关爱和引导：平时，我经常找一些孩子喜欢看的课外书送给他；办公桌的抽屉里有小点心为精力旺盛容易饿的他准备着；生日之际，还不忘为他送上小礼物（如给他买一件新衣服）……

小星的行为在悄然变化，他开始表现出了对我的信任，而且也对我产生了强烈的依赖性，总要待在我身边。可是他只要不在我身边，还是祸事不断：教室地上，本子扔得到处都是；孩子们有的吓得闭着眼，有的在窃窃私语；小星握着拳，踢着桌子在尖叫着……我耳边就会想起他爸爸的话："王老师，你别管他了。他会把你拖垮的。"

遇到这样的学生，说心里话，累、苦、身心疲惫之感会不由自主地涌上心头。

3.运用心理专业知识，及时给予心理干预

每天跟小星谈心之后，我回家一定要查阅相关心理辅导用书，根据他的一些问题症结，查找原因，从书中借鉴一些针对性的疏导方法。

于是，当小星每次情绪发作时，我不会火上浇油，而是采取冷处理的办法。如此几次之后，小星自然也会领悟到，靠暴力、发脾气是不能随心所欲的。而等到他冷静下来以后，我再和他分析这种做法带来的弊端。慢慢地，在一次次分析他的暴力事件后，小星开始明白自己不听老师劝告，莫名发脾气是愚蠢的行为，是不能解决任何问题的。

谈心过程中，我也教给他一些控制情绪的方法。如对老师的建议有意见时，应该对老师说；每次要发脾气时，深呼吸三次，对自己连续说"冷静"；当拳头伸向同学时，先在自己身上打三下；当要踢桌子、摔东西时，告诉自己损坏这些物品要赔偿的……慢慢地，孩子无故发脾气、捣乱的情况明显减少了，每次发作的程度也减轻了。

同时，我还尝试着借用外力，运用专业资源，以期让他获得更好的心理帮助。我联系了区进修学院的心理教研员田老师，请他分别为孩子和家长进行心理疏导，帮助他们分析问题的根源，并进行专业的心理辅导。此外，我还建议家长带孩子到市儿童医学中心，进行各种心理测试。我相信，多管齐下，小星的"问题"一定能得到合理的解决。

如今，小星在学校里，基本上已经不无故打骂同学了。任课教师给他指出不足之处，他也能正视自己的缺点了。去年寒假后开学，小星送给我一张

贺卡，上面写着："希望王老师在以后的日子里天天快乐！"在家庭中，小星父母的打骂声也渐渐减少了，他妈妈开始意识到自己教育的缺陷，能够经常主动和我沟通交流。孩子从父母的言行中感受到关爱，也开始严格要求自己。

不过，虽然小星有了不少进步，但在他身上还有许多难题等待着我去攻克。我又开始跨上新的征途……

（作者：上海市青浦区实验小学　王芳）

"迷途的羔羊"回了家

学生刚升入初中不久，一天，班上的一名留级生小辉没来上课。虽说他平时行为习惯一直不好，但从未出现过逃学或旷课的现象。于是，我马上联系了他的妈妈了解情况。他妈妈却反映说，一早就没看见孩子，现在也正在焦急地寻找。

两节课后，镇派出所打来电话说，小辉昨夜因盗窃他人财物，被当场抓获，现正在派出所接受教育。此时，我意识到问题的严重性，这个孩子就像"迷途的羔羊"站在十字路口，如果不及时加以引导教育，那他可能会一错再错，后果不堪设想。我下定决心：一定要让"迷途的羔羊"重新找到回家的路。

但是，如何妥善处理这起事件，既能让他认识到错误，又不伤及他的自尊？如何在尽量减少负面影响的前提下，对班级其他同学起到一定的教育和警示作用？这对于刚担任班主任不到一年的我，无疑是一个巨大的挑战。我陷入了深深的思考。

1. 按兵不动，调查事情缘由

通过各种渠道的了解，我大吃一惊：小辉，家人极其宠爱他，他要什么给什么，养成了花钱大手大脚的习惯。久而久之，如果不能满足他的要求，他就动歪脑筋，逐渐有了小偷小摸的行为，在村里远近闻名。家庭教育缺失：母亲唠叨的方法管不住他，还惹他烦，对母亲有逆反情绪；父亲以前也是有名的浪子，经过牢狱之灾后改过自新，也不懂怎样教育自己的儿子，要么不管，要么就痛打。在学校里，小辉属于学习和品行都落后的"双差生"，他也听惯了批评和指责，根本不在乎。

我在心里做了一道是非题："是否就此可以判定，他道德败坏，无可救药了呢？"记得我看过这样一句话："将不懂事的孩子不规范的行为视为道德败坏，无异于亲手将孩子推向深渊。"所以，理智告诉我，决不能草率行事，必须慎重对待。许多以前教过他的老师也都说，他本质不坏，只是缺少引导教育。我想，也许这是个机会。

2. 追本溯源，寻找教育良策

经过一天的冷处理，我找他谈话了。他对我表现出的冷静似乎有点好奇，所以，我们的谈话他还算配合。

我不动声色地问："为什么去偷东西？"

"是他们叫我去的。"他无所谓地说，好像整件事情跟他无关一样。

这个"他们"，我已经了解到了是社会上的小混混。

看着他一脸的满不在乎，我气不打一处来，声音高了八度："难道你就不知道偷窃是违法的吗？"

他依旧不以为然地说："拿了就拿了，反正不要紧。"

听到小辉竟然会说出这样的话，我的心猛地抽了一下。我突然意识到，他毕竟还只是个14岁的孩子，辨别是非的能力很差，道德界限模糊不清，以至于对自己的偷窃行为没有正确的认识，加上法律观念淡薄，所以就一犯再犯。

我明白，他已经迷失方向，恐怕我一时半会无法说服他。随后，我又查阅了相关法律方面的资料，大致将他的偷窃行为定性为占有型和无知型相结合的类型。那么，下一步该如何对症下药呢？我暗自思量着。

设想一：在班级内进行强制性处理，以儆效尤。这种方法方便快捷，彰显了事件的严肃性，在短期内会起到很好的震慑作用，但势必会导致班内同学对小辉敬而远之，可能会导致他干脆继续自甘堕落下去。

设想二：私下教育，不公开。这样最大限度地保全了他的面子，保护了他的自尊心，但也可能会让他认识不到事情的严重性，也对班级学生起不到教育和警示的作用。

以上两种方法各有好处，但都有一定的局限性。能不能扬长避短，将两者的优势综合起来？我想到了班级活动，活动是最受学生欢迎的载体。通过活动，让学生在教师引导和同伴教育中，获得体验和感受，达到自我教育的目的。这样的效果一定比单纯的说教要好得多。

3. 转化他的行动悄然进行

活动一：探究物权

结合大部分学生物权观念淡薄、法律意识模糊的现象，我在班内发动学生进行小组探究活动，查阅关于《物权法》的相关资料，再集中交流和讨论。这个活动难度比较大，孩子们觉得资料上有些语句晦涩难懂，因而只是一知半解，但也有同学能在老师的引导下举一反三。我还专门就小辉的那句"拿了就拿了，反正不要紧"展开了班级讨论，当然，没有指明是谁说的。学生们七嘴八舌，根据刚学到的法律条款指出了这句话中的错误，这时，我看到小辉的脸上，隐约有些不好意思。

第一次这么认真地阅读和了解这些法律法规，学生们显然很受震撼。课后他们反映说，经过这次讨论，把纸上的条文联系到了生活实际，很受启发。

活动二："三个我"的讨论

为了引导学生深入剖析自我，我组织他们围绕"三个我"展开了讨论。我指出，一个人的成长过程中有三个"我"的存在。一是"动物的我"，想吃就吃，想睡就睡，想拿就拿。二是"现实的我"，知道有些事是不能做的，有些规则必须遵守。三是"道德的我"，会从别人的角度考虑问题，用道德规范约束自己。请同学们结合自己的日常表现想一想，自己是处在哪个阶段？可以通过具体例子说明。

针对"捡到钱之后，你该怎么做"的问题，同学们热烈讨论，大家经过讨论得出：捡到钱想据为己有的想法是"动物的我"；"现实的我"让我们明白，应该把钱还给失主；"道德的我"想到别人的痛苦，从而作出了正确的选择。

课后，我又找小辉谈话，让他说说自己在偷东西这件事上，表现的是哪个"我"。他一改平常的油腔滑调，略带羞涩地说是"动物的我"。我相信这是他真实的感受，相信他日后一定能作出正确的是非判断，朝好的方向转变。

活动三：一幅画的启示

一天中午，我找来了一幅画，告诉大家："这是老师画的牵牛花，很漂亮吧，先请同学们欣赏一下。"孩子们都不明白我的用意，很兴奋，也很好奇，纷纷议论着："好漂亮的牵牛花！""肯定是美术老师画的！"对于大家的议论，我也不作解释。等同学们把注意力都集中在画上时，我用缓缓的语气说："我们每个人的人生都是一幅画。不同时期的风格不同——童年时欢快，青年时激昂，中年时凝重——相同的一点是，我们都要用心去描绘每一笔。"

班级里的氛围开始有变化了。

我又接着说："这些画的命运，可以这样：被装裱上框，挂在展览馆里被人欣赏；也可以这样——"我停顿了一下，在同学们好奇的目光注视下，拿起事先准备好的半杯墨汁，向那幅美丽的画泼去。

"呀！""怎么……"在大家的惊讶声中，我一言不发。

"最终，这幅画的结局只能是……"我团起那幅泼了墨的画，扔进了垃圾桶。

我也不再多说话，将空白留给同学们去填补，去思索。

小辉从派出所回来后，我从了解事件、制订方案到实施，花了整整一周的时间。一周的时间处理一件事，看起来似乎不怎么有效率。但我认为，这一事件的相关对象及可能产生的深远影响，决定了它的特殊性，决定了它不可以被草率地对待。拉长战线的目的是为了更细致深入地处理事件，也给学生一个理解和接受的时间。从形式上看，在处理过程中，我避免了自己一个人下结论发命令似的粗暴处理，而是设计了三个活动，在活动中让同学们明白道理，达到自我教育的目的。从效果上看，既对小辉的事件进行了妥善的处理，让他认识到了自己的错误，又维护了他的自尊，对班级同学也进行了教育，是非常有效的处理方式。

　　作为班主任，我深刻体会到，类似小辉这样的"问题学生"哪里都有，造成问题的原因也是多方面的。身为教师的我们一定要有的放矢、沉着冷静地应对各类问题，机智巧妙周旋，引导"迷途的羔羊"走上回家的路。

（作者：上海市佳信学校　袁月）

攻略 8 / 激励机制运用攻略
　　　　——映现扬长补短

一个成功的班集体，能使每个同学都感受到班级的温暖，获得成长的幸福。班级建设为了达到这一目的，需要有一个新颖的、合理的有效激励机制，使班级里每个层面的学生都能从中受到鼓舞，通过扬长补短得到很好的发展。这个激励机制应该是多元的、综合的，关注的不只是学习成绩，也涉及日常行为表现、文体活动参与、劳动投入，甚至个人才艺展示等。本部分将从激励机制的意义与功能，激励方式的类型与运用原则等方面进行阐述。

理论概述

激励机制的意义与功能

1. 班级激励机制的意义

激励是通过某种精神或物质的刺激，以人的需求影响、激发人的动机，使人精神振奋，促进人努力完成工作任务的一种心理过程。

激励机制是管理者为了达到管理目标，在管理过程中运用鼓励和激励手段使人努力工作、奋发向上的过程与方法。班主任在班级管理中基于"以人为本"的管理思想，运用多种激励手段，调动学生的积极性，让每个人在班级中发挥自己的作用，获得扬长发展，以提高管理效益。班级激励机制的建立，应遵照学校的规定，根据班级的实际情况，因时制宜地采用合适的方法，并随着时间的变化和情况的不同，再随之寻找更适合的方法。

班级管理中激励机制的运用，是为了通过各种鼓励、支持的方式，调动全体学生的积极性和兴趣，激发学生的学习动力，促使学生发挥自主性和创新意识，从而不断成长进步。激励机制的运用，也是为了让班级管理的方式得到优化。

2. 班级激励机制的功能

激励机制在班级管理过程中如能正常运作，则可以有效发挥以下几种功能。

（1）导向功能

有效的激励机制，能促使班集体的共同目标和每个学生的个体目标产生共振。此时，共同目标的期望会激活学生进取、发展、成功的需要，从而产生目标导向功能。这种激励主要是通过目标实施过程中的反馈强化，以及目标达成后产生的成功感，来促使学生向着更新、更高的目标前进。

（2）驱动功能

有效的激励机制，能通过和谐的同学关系，民主的师生关系，以及富有情意的交往活动，营造积极有益、健康宽松的心理氛围，驱动大家建立愉悦、和谐的人际环境，以满足全体学生健康的情感生活等心理需要，从而达到激励的目的。

（3）发展功能

有效的激励机制，能通过开展大量情景性、情趣性、发展性的班集体活动，并最大限度地让每个学生亲历活动的设计、管理、评价、总结环节，从而诱发、培养、满足学生的参与、表现、成功、发展等需要，并在活动中充分发挥其个性特长，以达到最佳激励效果。

激励方式类型

1. 目标激励

目标激励是指通过确立适当的目标，诱发人的动机和行为，达到调动人的积极性的目的。制定班集体总体目标，可激发全班同学一起向该目标奋进，指引每个学生努力。设立的目标要切实可行，过高和过低都不能起到很好的激励作用。班主任应善于引导学生制定自己的发展目标，以及具体的阶段性目标，使学生个体小目标与班级大目标结合起来，由远景目标到近景目标，形成目标体系。引导时，一方面要对学生进行人生观、价值观的教育，使他们有崇高的远景目标；另一方面要求学生结合个人实际情况确定近景目标，不要盲目攀高，以便更好地发挥目标的激励作用。如有些学生语文学习不理想，可让其将阶段性目标定为"补短"，如熟记多少字词、研读哪些课文等。有的学生行为习惯不好，可让其设立一些要改正的具体行为。过一段时间后，如果大家发现该生改掉了那些不良习惯，他的目标就实现了。

2. 榜样激励

班主任向学生提供的榜样，可以是历史上的科学家、诗人、民族英雄等，他们努力学习的精神、良好的人文修养、精忠报国的精神对学生有很大的激励作用；也可以是现实生活中的成功人士，如介绍他们的先进事迹，让学生从中领会做人做事的道理。而在学生中树立榜样，让大家感受身边榜样的优秀，更具有真实性和影响力。如请这些学生介绍其成长发展的途径和方法，或展示个人某项特长，通过相互交流引发思想碰撞，激励全班人人去发掘自己的潜力，努力扬长发展。同时，要树立学困生转化的榜样，他们取得的突破不仅能推动其他学困生一起进步，而且能激励全班共同发展。当然，最好的榜样是班主任自己，"喊破嗓子不如做出样子"，教师以身作则常会收到出人意料的教育效果。

3. 情感激励

情感在激励机制中是最富有魅力的要素。"情动于中"，班主任只有走近学生，走进学生的情感世界，与他们进行零距离接触，才能激励学生的成长发展。为增强情感激励效果，班主任在与学生交往中一要投以期待的目光，目光是一种无声语言，在学生努力学习时，在学生遇到困难时，在学生获得成就时，教师投去鼓励、肯定的目光，会让学生在无形中感受到鼓舞。二要给学生亲切的微笑，微笑是阳光雨露，无论学生面临顺境还是困境，班主任赞许和期待的微笑，会让学生感受到激励，而不觉得孤独和无奈。三要仔细观察学生的行为，发现问题时，应用温暖的话语与学生沟通，了解其心理感受，合情合理地进行教育。四要给学生一些实际的帮助，在解惑释疑中调动学生的情感，引发师生共鸣。

4. 竞争激励

竞争是激励机制中一种有效的实用方法。班主任可以让学生分别承担班级管理事务，再组织阶段性评比，以激励学生把自己要做的事情做好，并从中提高自己的能力。如为了抓课堂纪律，可让各小组自己找竞争对手，比一比哪一组能更好地回答问题，更守纪律。这样既可增强学生的纪律观念，又能提高学生参与课堂教学的积极性。同样，班级举办的学习活动、体育活动、文娱活动等也可以让学生在竞争中激发拼搏、进取意识，培养创新能力。通过比赛激发学生的竞争意识，班主任要注意公平、公正，教育学生不能太过功利，认识到竞争是必要的，合作发展才是竞争的真正目的；还要鼓励学生全员参与，让每个学生都有权利、有机会在比赛中实现扬长发展。

5. 参与激励

参与是激励机制能够有效实施的前提，班主任要让学生在参与班级管理中拥有自尊，学会生存、学会发展。对此，班主任可以通过授权方式，尽量让每个学生都在集体日常事务中承担责任与义务，做到"人人有事干、事事有人管"；让学生在积极参与各种管理活动的过程中得到锻炼，感受班级主人翁的地位，增强工作的积极性、创造性，全面提高自己的素质，提高相应能力，从而激励学生切实把自己要做的事情做好，实现自我管理。

6. 评价激励

评价是激励机制拥有活力的要件，正确的评价能对学生产生强大的促进作用。据此，班主任要树立"一切为了学生发展"的评价理念，突出评价的教育性、激励性、发展性。一是以素质为核心，注重学生思想、道德、知识、能力等要素，探索综合化评价。二是运用成长记录袋，实行终结性评价和形成性评价、定量评价与定性评价相结合。成长记录袋存放学生的优秀作业、绘画和手工作品、有代表性的奖励记录等，以记录学生的成长与进步。三是以学生自主评价为重，实施评价主体多元化，建立学生、教师、家长共同参与的评价机制。四是取消百分制，通过"等级加评语"方式实行发展性评价，激励学生全面发展。

激励机制运用原则

激励是以外来因素影响人，让外因通过内因起作用的过程。激励机制要达到最佳激励效果，必须遵循以下四项原则。

1. 因人而变

人的生活有物质需要和精神需要，学生的需要越多、越丰富，固然表明其自身越发展，但也表明他对外界的依赖性越强。不同的学生有不同的需求，激励机制的运用只有符合学生不同的个性心理特征、内在需要，符合教育教学的基本规律，才能调动每一个学生的积极性、主动性和创造性，从而达到最佳的教育效果。这要求班主任在激励学生时要懂得因人而变。如现在不少班级根据学生的不同情况，开展评选三好学生、文明学生、特长学生、进步学生等活动。由此，班主任可以引导学生针对各自特点，确定个人的奋斗目标，以调动全班的积极性。

2. 因时而异

《学记》有云："当其可之谓时。"意思是说教育学生要抓住机会节点，激励机制的运用也要选择适当的时机，那才叫"及时"。心理学研究表明，及时激励的有效度为80%，滞后激励的有效度仅为2%。班主任应善于捕捉激励时机，对学生平时的点滴进步给予适切的表扬。最佳的激励时机主要有这样几种：学生面对新的学习环境时（如到一所新学校或班级），取得好的学习成绩或在某方面取得成功时，对某种需求有着强烈愿望时，对自身过失有悔过之意时，遇事犯难、举棋不定时，处于某种生理或心理困境时，等等。掌控激励的最佳时机对学生进行激励教育，往往能收到事半功倍的效果。

3.因地制宜

教室是学生学习、生活的主要场所，但教师对学生的激励不能局限于教室，班主任应善于在多种场合因地制宜地对学生进行随机激励。无论在教室还是在餐厅，在教师办公室还是在学校运动场，在路上还是在车上，教师都可以抓住学生的一个"闪光点"，随机地对他进行激励。如某学生在运动会上获得长跑第一名后十分疲惫，班主任当众对他竖起大拇指，说："你真了不起，是我们学校的骄傲。"学生听了，力量倍增，在下一个比赛项目中一定会更加奋力拼搏。这句话如果留到班会课上说，对这位学生个人和整个班集体都仍有鼓舞作用，但效果可能大不一样了。

4.弛张有度

任何事物都有质和量的规定性，激励机制的运用要掌握一个度——心理学称为阈值。低于阈值的激励，对学生不起作用；高于阈值的激励，又会使学生的积极性变得脆弱，或使学生产生焦虑而失去兴趣。因此，班主任必须从学生实际出发制定激励目标，遵循"努力—再努力—可以实现"的规律，合理预测激励效果。频繁奖惩会降低学生对成就动机的激励效果，间隙、渐进的强化奖励才会收到较好效果。激励机制又是一个封闭的控制系统，具有"双向通讯"的特征，它既发布指令信息（激励），又接受反馈信息（激励后果）。反馈调节十分重要：学生成长是一个不断完善的渐进过程，因为他们缺乏成年人的稳定性，所以要不断督促、激励，要特别注意激励实施后是否产生负面影响。也就是说，班主任要对激励机制进行监控与调节，使之弛张有度。

问题解析

如何把握激励学生的最佳时机

一位刚任教不久的班主任说，开学初，为和学生搞好关系，自己每天翻着花样激励他们，不是准备两个苹果，就是拿来几块巧克力、几颗水果糖，还有漂亮的笔记本。这样一来，学生与他的距离近了，别人看他与学生的关系特别融洽。可是好景不长，一段时间后，学生对这一套并不领情，也没有因此而乖乖听话，反而觉得这个老师太好"欺负"了。半学期不到，班级里几个"刺儿头"就冒了出来，整个班级乱糟糟的，任课教师也多次要这位班主任好好管一管。可他发现对学生的教育根本无济于事，心里很苦恼。那么，师生关系亲近了，情感激励怎样实施才有效呢？

案例的症结是，班主任未能把握激励的最佳时机，造成了学生不领情。常言道，机不可失，时不再来。激励学生的最佳时机是存在的，教师若正确把握，就能收到事半功倍之效；若反应迟缓、优柔寡断，则往往会错失良机。所谓把握最佳时机，是指激励要在学生处于积极情绪时进行，或运用适当的方式和手段，使学生内心的消极情绪转化为积极情绪，并将情绪转化为行为，以实现预定目标。下列几种情况，可看作运用激励机制的最佳时机。

1. 进入新环境时，鼓舞士气

教育环境对学生学习有着极大的影响，当学生由一个旧环境进入到新的环境，如进入新学年、新学期时，往往会产生一种新的感受，加之内心潜藏的自尊心的催化作用，总会暗示或提醒自己要做出个新样子来。这种出自内心的朴素动机，能使学生生出一种按新环境的要求调整自己态度的愿望和行为。一个睿智的班主任应有办法充分获知学生进入新环境后的内心变化，给予热情的鼓励，鼓舞学生们的士气，激发他表达自己美好的愿望，帮助他明确新的目标，点燃新的希望。

2. 获得成就时，树立典范

人的行为都是在某种动机策动下，为达到一定的目标而采取的有目的的活动。如果学生的一种良好行为长期得不到积极的强化，其动机的强度就会减弱，甚至消失。当学生能取得好成绩或某个方面有所突破，表明他作了一定程度的努力。这时，他迫切希望得到同学、老师的认可。班主任若能恰如其分地给予充分肯定、赞赏，帮助他总结取得成功的经验，并在同学中树立榜样，则不但能激发该生的进取热情，强化其学习动机，而且还可以对其他学生产生带动作用。

3. 遇到挫折时，动之以情

学生在成长过程中遇到失败、受到挫折、遭到打击时，迫切希望他人能理解与关心，并求得同学、老师的支持与帮助。班主任见此，应及时伸出热情之手，在力所能及范围内为其排忧解难，这必然会产生平时难以生成的良好效应。大量事实证明，同样是一封热情洋溢的书信，一次坦诚恳切的交谈，一次假日进行的家访，一个亲切感人的动作，对正常状况下的人和对陷入困境中的人，其在心理上起的作用存在着巨大差异，后者很可能更使人铭心刻骨、终身不忘。

4. 悔悟之意时，晓之以理

古人说："人非圣贤，孰能无过？"身心处于迅速成长期的中小学生，难免会有这样那样的过错。学生犯错后，在各种因素影响下，自己又经过一番思想斗争，往往会表现出某种悔悟之意。这种悔悟是自我警醒的开端，也是班主任激励学生知过改过的大好时机。对此，班主任应审时度势，只要学生不自甘堕落、一意孤行，就应给予改正机会；并细心观察学生的悔过表现，因势利导地激发其在哪里跌倒，就从哪里爬起来。同时，这种激励还须持之以恒，防止学生出现反复。

5. 愿望未能实现时，授之以渔

需要是影响人行为动机的决定性因素，如果一种需要长期得不到满足，就会极大地挫伤人的工作热情。学生在成长过程中会萌生出某种强烈的愿望，随着时间推延，这种愿望便成了心理需要。倘若愿望或需要由于缺乏正确的方法和充分的条件，很难在短期内实现或满足，学生往往易生焦虑、懊恼情绪，从而影响学习。为此，班主任应清楚了解班上各类学生各个时期最强烈的愿望，尽可能地向他们指出解决现实与理想矛盾的途径，激励他们积极创造条件实现那些具有实现可能性的愿望，帮助他们分析需要的层次性，确立合适的目标，并给予针对性的方法指导。

6. 班级面临挑战时，凝心聚力

一个班集体在前进道路上不可能总是一帆风顺，而是经常会遇到风浪、触碰暗礁。如果班集体受到损害，那么也会影响到学生个人。所谓"团结就是力量"，优秀班主任在班级遇到困难、处于危境，或面临严峻挑战时，能勇于带领全班学生同心协力、团结奋进；并善于把握机遇，化压力为动力，变不利因素为有利因素，从被动转向主动。同时，开展危机教育，强化学生的竞争意识，增强班级凝聚力，激发集体士气，鼓励大家经受磨炼，共渡难关。

如何运用激励机制引导合理竞争

一位老师说，刚当班主任时，自己学着其他班主任，将班级分成四组，激励小组竞争，项目包括出勤、文明礼貌、上课纪律、课间休息、眼保健操、卫生、作业等，评比方式是个人积分纳入小组总分。本想通过组内督促互助，带动个别后进生，促进班风建设。但在实施中他发现，只要有行为偏常生在，这个小组的扣分肯定多，几周下来，小组长来诉苦："××没有团队意识，消极对待，因违纪总是被扣分，其他同学都没信心了。"那么，班主任如何在班级中有效运用激励机制引导小组竞争呢？

以激励机制引导小组竞争，旨在借助团队的力量提高学生的学习兴趣和对班务的热情，培养学生团结互助精神。案例中的问题比较普遍，这种现象大多数班级都存在过。对此，班主任可以采取如下措施。

1. 优化组合，改变组建方式

优化分组即采取"组内异质，组间同质"的原则，使每个小组既有精英学生，又有需要快速成长的学生，且各组具有不同的爱好，以此提升学生参加班级活动的兴趣。如一个50人的班级，班主任可根据学生的知识、能力、情感、意志水平，并按平时上课、作业等方面的表现，将他们分为优秀、中等、后进三个层次，分别为10、30、10人，再编成5个小组，每组含优等生2人、中等生6人、后进生2人。由此通过小组之间公平竞争，促使不同层次的学生互相影响，相互帮助，团结协作，共同进步。

2. 人人参与，制订实施方案

开展小组竞争，旨在激发学生的主人翁意识，班主任可以采用由小组参与班级管理的形式，鼓励开展组间竞争。如以"我为班集体建设献一策"活动，就如何建立、健全激励机制，引导合理竞争，发动各小组广泛开展讨论，以调动学生建言献策的主动性、积极性。然后，班委会收集、整理各小组提出的意见或建议，形成实施激励机制的具体方案，召开班会，讨论、表决。这种民主的建章立制方式，能赢得学生的信任和支持，小组竞争的项目也与每个学生的表现结合起来了，实行时可减少阻力。

3. 量化管理，加强平时考核

考核内容由课堂学习、课间表现、课后作业、参与日常管理等方面组成，考核周期为一个星期。每个人的基本分为 10 分，检查中如发现问题则扣分，表现好的能加分，加分可以依据特定内容灵活加。每天公布各组的汇总得分，每周班会进行一次评比总结。这样，每个学生都清楚自己一周来取得的成绩、存在的问题以及与别人的差距。班主任对表现好的学生，提醒他们戒骄戒躁，再接再厉；对表现差的学生，激励他们努力赶上、争取进步。期中、期末，召开表彰会，放大激励效应。

4. 及时调控，确保机制活力

在竞争活动中，表现积极、成绩优秀的小组，常常受到表扬和奖励，学生也会获得奖品。久而久之，有的小组可能因多次得不到奖励，竞争积极性会逐渐消退。为此，小组成员不宜固定，可随着学生各方面能力的提高与兴趣的转移而动态搭配，适时流动。班主任通过掌控各组兴趣的变化趋向，及时进行调整。此外，有的小组处于低迷状态，而组内表现优秀的学生却得不到充分关注与鼓励，从而对班级活动没有兴趣。为此，激励机制既应对优秀小组给予必要的奖励，也需要对每一组中的优秀成员给予一定的补偿性奖励，以保持机制有活力。

做一片美丽的叶子

又值深秋时节，望着窗外飘零的落叶，我不禁想起了"做一片美丽的叶子"的活动，那是我与孩子们共同创建优秀班集体的心路历程。

一次，我外出学习回来，刚踏进教室，不由地怔住了：地面脏乱不堪，桌椅歪歪斜斜的。我心中不免有些恼火：这些孩子，太不像话了！临走前，我特意关照过班干部要注意班级卫生，督促值日生做好值日。可现在呢？哎，想当初竞选班干部的时候，他们演讲得多好啊！要为同学服务、为集体多做事、做老师的好助手等。而当班级需要他们的时候，他们却……可冷静下来仔细想想，这也不能全怪他们，现在的孩子大多是独生子女，是在蜜罐里泡大的，责任意识难免差一些。于是我找几个学生谈话，了解情况。我发现，有些班干部是老师在的时候表现得好，老师不在时就对班里的工作不闻不问，没有责任意识，集体观念淡薄。有的班干部甚至认为，只要成绩好就行了，班里的事做与不做一个样。班干部的想法与做法在班里是有代表性的，反映了部分学生的认识。我不禁陷入了沉思：如何正确评价学生的表现？怎样培养学生心中有集体，愿为集体服务的意识呢？我寻找着教育契机。

在一个秋叶纷飞的中午，孩子们在大树底下捡色彩斑斓、形状各异的树叶，有几个孩子手里拿了几片树叶，来到我身旁，好奇地问我："丁老师，这是什么树叶？真好看呀！""老师，为什么树叶有不同的形状？""老师，树叶有什么作用？"……面对孩子们的一个个问题，面对那一双双期盼的眼睛，我想：既然孩子们有那么多的问题，我何不抓住这个教育的契机呢？于是，一个教育活动在我脑海中逐渐形成。当天，我布置了一项特殊的作业：每人收集一些不同形状的树叶，用树叶做拼贴画，打扮一下教室墙壁上的那棵"大树"，同时了解一下有关树叶的知识。

孩子们的劲头可大了。在采集树叶的过程中有了问题，有的向老师请教，有的向父母咨询，有的向书本求教，还有的上网寻找答案，课间还互相交流自己的收获。从活动中孩子们了解到：树叶有特殊的作用，它能进行光合作用，为大树的健康生长提供大量的营养，即使凋零了，也会"化作春泥更护花"，为来年大树的繁茂积蓄能量；树叶之所以有不同的形状，与它们的特点及生长环境有关——北方天气比较干旱，树叶大多是尖尖的，南方气候比较湿润，树叶大多是比较宽的……

我看着经学生精心打扮的美丽的"大树"，意味深长地对他们说："孩子们，经你们这么一打扮，我们的这棵'树'变得更美丽了。这棵美丽的'大树'就好比我们的班集体，而你们呢，就好比这棵大树上的片片叶子，要使我们班集体这棵大树更富有朝气，更富有活力，长成参天大树，你这一片小小的叶子该怎么做呢？"一石激起千层浪，孩子们打开了话匣子，纷纷表示愿做集体这棵大树上最美的叶子。心中有集体的意识逐渐融入了孩子们的心田，并化作了实际行动，如：每天午饭后，总有几个孩子抢着把桌子擦干净，把抹布洗干净；池冰清同学悄悄准备了香皂、毛巾供大家洗手用；班中的长绳不见了，陈一凡同学悄悄地买了一根放在班里；发现地上有纸屑，孩子们都及时捡起来，放入垃圾袋里……孩子们在集体中找到了自己的岗位，纷纷为集体做好事，添光彩。

想不到这个活动引起了学生那么大的兴趣。那么，如何使这个活动广泛、深入、持久地开展下去，进一步激发学生对集体的热爱呢？记得一位教育家曾说过"最好的教育是学生的自我教育"。华东师范大学叶澜教授也说过"把班级还给学生"。对，把班级还给学生，使学生成为班级管理的主人，让学生在班级管理中自我督促、自我教育、自我提高。那么如何来实现这一目标呢？

班级好比是一棵果树，果树长得茂盛，就会开出鲜艳的花朵，就会结出丰硕的果实。班集体的建设又何尝不是这样呢？于是我尝试把"绿叶、花朵、金苹果"的评价激励机制引入班集体建设，把学生取得的成绩和进步寓为"金苹果"，形成分层递进的评价激励机制，根据学生遵守班规的情况、参加各级各类活动的情况、为班级争得荣誉的情况以及在原有基础上进步的情况等，分别奖励一片绿叶。例如在"好习惯伴我快乐成长"的系列活动中，我利用"三八妇女节"这个教育契机，组织学生开展了"感恩母亲，与爱同行"系列活动，内容有"三个一"行动："说一句感谢的话""拥抱一下妈妈""为妈妈做一件好事"，用实际行动回报母亲的爱。如果学生能完成这"三个一"，就可以得到一片绿叶。学生得到十片绿叶，可以换一个花朵，得到了十个花朵，可以换一个金苹果。以此来鼓励学生努力进取、勇于攀登。

做一片美的叶子，心中装着"大树"，心中装着集体，这个活动仍在继续着……

如今看到孩子们都争着为集体这棵"大树"增添光彩，我感到很欣慰。庆幸自己当初紧紧抓住了孩子们对落叶感兴趣的契机，从孩子的心理需求出发，巧妙地把孩子与集体的关系寓为绿叶与大树的关系，寓教于乐，以活动来贯穿，使他们懂得树木的繁茂得靠绿叶来装点，而要想使班集体富有活力，富有生机，就要靠他们自己来努力，因为他们是班级的主人。

"绿叶、花朵、金苹果"这种新的评价激励机制的推出，给每个学生带来了希望，因为每个人都渴望得到别人的尊重与表扬。作为一位新时期的班主任，要善于用一双发现的眼睛去捕捉学生身上的闪光点，放大他们的优点，要让后进生也看到希望，让他们知道多为集体做事，成为集体这棵大树上的美丽叶子，就可以得到奖励，自己也可以当上班干部。这也为班干部敲响了警钟，干部不是终身制，只有对集体负责、为集体添光彩的人才可当选。这样就形成了一个激励性的竞争机制，学生的潜能就被大大开发出来，使更多的学生积极参与到班级管理中，成为班级管理的小主人。

（作者：上海市青浦区庆华小学　丁菊英）

巧用小思徽章"1+1"

我先后担任过十届一年级起点班班主任，一直在实践中努力探索幼小衔接的方法与策略，探索其顺利过渡的规律。

1. 面对幼小衔接问题的思考

（1）一年级新生入学不适应的表现

刚进入小学的孩子，很多会怀念幼儿园生活，由于幼儿园与小学在教学方式、教学环境等方面有很大不同，一些进入小学校园一周后的新生，在新鲜感消失后，随之而来会出现害怕上学、哭闹、上课注意力不集中、无法正常上课等情况。个别孩子不适应的情况比较严重，甚至出现厌学情绪。

（2）幼小衔接教育的有效载体

第一，一年级"苗苗先修章"。

针对一年级新生直观感知的心理特点，我们每一届一年级班主任都会自觉使用"苗苗先修章"——把入学常规教育的目标设计成一枚枚奖章，充满了童趣，深受孩子们的喜爱，能激发他们的兴趣。在争"苗苗先修章"的过程中，孩子们每天都有追求的目标，每天都在努力加油。与此同时，我们也发现评价周期与激励方面似乎可以更好地予以改进，但又缺乏灵感。

第二，评价新载体"小思徽章"。

学校为构建信息化＋教育即时综合评价体系，推出了"小思徽章"评价机制，这是一款用来评价学生日常行为规范的 App，分为六大块：行为习惯、课堂表现、思想品德、荣誉获奖、个性化、特别关注。学生在学校中表现优异或者违反纪律，任何一位老师只要拿出手机对着他的徽章扫一扫，点击表扬或者批评，就能加分或扣分。

2. 用智慧整合教育资源，形成"1+1"多元评价机制

一开始，我对小思徽章的推出还是有点想法："我们已经有了区级苗苗先修章的评价机制，为何还要增加一个评价呢？"实践中，我渐渐发现小思徽章具有即时评价的优势，聚焦的点更小、更具体，可以每天通过对每个孩子的点击情况，了解他们的行为习惯和积分排名，无形中形成了你追我赶的良好风气。于是，我开始考虑如何更巧妙地将小思徽章融入班级的评价体系。

（1）比较与梳理，将两者的优势予以整合

"苗苗先修章""小思徽章"都是评价激励的有效载体，两种教育资源如何整合才能成为操作性强又简便易行的评价机制呢？苗苗先修章十年的实践积累，让我深切感受到奖章在一年级新生良好习惯养成过程中的魅力。何不将"小思徽章"与争章活动结合起来，互为补充，形成更好的激励机制呢？于是，我尝试做加法，着手进行梳理。

我本着"多一层评价，就多一层激励"的想法，梳理了"小思徽章"和六枚"苗苗先修章"达标要求的隶属关系，然后优化整合为更好的激励机制。

"苗苗先修章"由六枚小奖章组成，每一枚小奖章都有自己的达标要求。而"小思徽章"，老师主要通过行为习惯、课堂表现、思想品德对学生进行评价。我着手将评价内容相通、评价载体相近的两者梳理成具有比较科学的隶属关系的操作机制。具体如下页图所示。

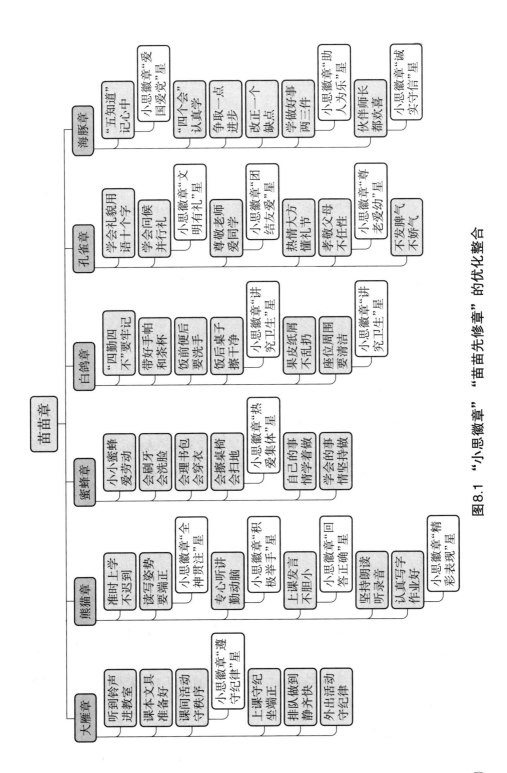

图8.1 "小思徽章""苗苗先修章"的优化整合

（2）"1+1"评价机制的整合与互补

苗苗先修章和小思徽章两者结合的评价操作彰显出学科老师加盟、关注过程评价和累计评价的优势，我每天坚持评价，并和其他学科老师一起把考核的结果第一时间通过小思徽章和微信平台传给家长。

①"1+1"的操作实践。

在实践中，我将奖章优势与小思徽章互为补充，让激励措施彰显出更大的魅力。以"饭后桌子擦干净"项目考核为例，一天中，孩子做到了"饭后桌子擦干净"就得小思徽章"讲究卫生"星，积1分；一个星期统计，如果小思徽章的"讲究卫生"星得到5分，就能得到白鸽章——"饭后桌子擦干净"这个达标要求的1颗"达标星"。根据好习惯养成21天的原理，我把评价周期定为三周，小朋友连续三周获得3颗"达标星"时，"饭后桌子擦干净"这一项指标就算通过考核。同样，白鸽章中的"座位周围要清洁"也和小思徽章的"讲究卫生"星结合，一天中，孩子做到了"座位周围要清洁"就得小思徽章"讲究卫生"星，积1分；一个星期统计，如果小思徽章的"讲究卫生"星得到5分，就能得到白鸽章——"座位周围要清洁"这个达标要求的1颗"达标星"。小朋友连续三周获得3颗"达标星"时，"座位周围要清洁"这一项指标就算通过考核。白鸽章中其他四条达标要求，通过伙伴、小组、家长评价的方式进行考核。白鸽章一共有6项考核指标，这些指标考核可以同时进行，所有指标通过考核就能得到白鸽章。因此，最努力练本领的孩子会在三周后第一批获得白鸽章。

②学科老师的加盟。

原本的苗苗先修章的启动、训练、考核与评价，主要是班主任操作。现在，小思徽章的评价有了各科老师的加盟，对每个孩子的评价更趋全面、公正。例如，就拿熊猫章来说吧，其中的一条达标要求"专心听讲勤动脑"和小思徽章的"积极举手"星结合。如果，每天能获得4个老师颁发的"积极举手"星，第二天就能积1分，一周获得5分的孩子就获得了1颗达标星，当获得3颗达标星时，"专心听讲勤动脑"这一条就通过考核。我们的英语老师小陆说，现在，上课前只要亮一下手机，那些入学不久的孩子们就乖乖地坐端正，因为他们知道下课后的那颗"精彩表现"星、"全神贯注"星会及时发到自己爸爸妈妈的手机上去，这可是能换积分的。而在以前，这是要叫破嗓子还是乱哄哄的节奏。就这样，原本只有在语、数、外上课时遵守纪律的孩子们，由于有了小思徽章的评价，在每一门学科的课堂上，孩子们都开始学着守纪律并坐端正。

③ 家长的关注与配合。

一段时间以后，家长们开始发现，从小思徽章的评价中，能第一时间了解到孩子在学校各方面的表现，所以，特别关注小思平台。班级的小蔡同学，开学第一天就给老师们留下了深刻印象：上课根本不会静下心来听课，交流时不能清楚表达自己的意思，使用勺子吃饭也不熟练……在熊猫章的激励下，小蔡同学课堂上开始积极举手发言了，虽然常常是答非所问。课后当着全班同学的面，老师奖励给孩子小思徽章"课堂表现"中的"积极举手"星，妈妈看到后激动不已。根据我的建议，家长配合老师要求孩子争得"全神贯注"星。经过一个阶段的训练，由于小思徽章的激励作用，课堂上终于看到了小蔡同学端正的坐姿，他进步了。有些家长还把孩子得到小思徽章的荣誉传到微信朋友圈，分享孩子的成长。小思徽章的使用，在学生、老师、家长之间搭建起了沟通与共同教育的桥梁。

3. 运用"1+1"评价机制的效果

（1）培养了良好的学习习惯

小思徽章的即时评价有非常好的效果，强化了孩子们一个个具体的行为。如课堂上孩子有了精彩回答，立即能得到"精彩表现"星；一节课专注听讲，不开小差，下课就能得到"全神贯注"星……各学科老师随时随地进行观察与评价，随手便可记录。

（2）促进了行为习惯的养成

小思徽章的运用，也很好地促进了学生行为习惯的养成。每天午餐时，孩子们有序排队，争得"遵守秩序"星；吃午饭时，文明用餐，不挑食，不说话，争得"爱惜粮食"星。一天中，小思徽章的评价时时刻刻地影响着孩子们的一言一行，教育要求渐渐内化，促进了孩子们各种良好行为的养成。

（3）责任心得到了培养

小思徽章的累积评价也促进了学生责任心的培养。例如，班级中有个叫唐唐的男孩子，他的小岗位是"黑板保洁员"。在得到了1颗"热爱集体"星后，他更加认真地工作。几天后，我发现孩子竟然戴着口罩在擦黑板，以为他感冒了，和妈妈交流后才知道，孩子对粉尘过敏。如今，孩子还是戴着口罩，每天尽职做好本职工作。

经过新的评价机制的尝试，孩子们责任意识的培养寓于每天的日常学习生活之中。如今，短短一个学期，我们的小蚂蚁乐园班在各个方面、各种场合都表现出优良的风貌，孩子们有礼守纪，学风积极上进。

（作者：上海市青浦区实验小学　王芳）

美丽的"魔法"

1. 第一次师生见面会，关注到她

学生刚升入初中，我接任了初一（3）班的班主任工作，为了让学生对中学生活有初步的了解，我精心准备了第一次师生见面会。

"同学们好！今天是新学期的第一天，也是我们的第一次见面，首先我欢迎大家走进初一（3）班这个集体……"我慷慨激昂地向同学们致欢迎词。随后，我提议每个人进行自我介绍，为了拉近我跟学生之间的距离，我首先向同学们作了自我介绍："我姓成，从今天开始我就是你们的班主任，我喜欢看书、听音乐……我希望能够成为你们的大姐姐，无话不谈的好朋友。接下来，就请同学们介绍自己吧。"

在我的带动下，同学们怀着一颗无比激动与好奇的心，踊跃发言：有的说自己爱唱歌，有的说自己擅长长跑……在同学们的热烈发言中，我不时地作适当的评价和鼓励，所以第一次师生见面会显得十分温馨。渐渐地，没有同学再上台了。

"还有没有同学发言呢？"我轻轻询问了一声。这时，有同学小声说："小余还没有说。"我顺着同学们的目光，看见一个伏在桌上的女同学，于是提高音量说："小余同学，能不能说说你有哪些特长呢？"

回应我的是一片沉寂。我想这大概是个很腼腆的女孩子，于是走到她面前，拍拍她的肩膀说："试试看，随便说两句，让我们认识你，好吗？"

小余抬了抬头低声说道："我……我……"就再没有下文了。

我意识到这是个非常胆怯的孩子，既然她不敢说，那就姑且不勉强了。

第一次师生见面会后，我心想，小余胆怯性格的背后到底是什么原因呢？这不得不让我开始关注起这个孩子，试着慢慢去了解她。

2. 与家长沟通，认识了她

为了更深入地了解小余，开学一周后，我对她进行了家访。

来到小余家，我发现屋子里的摆设很简单，可以看得出她们的生活是比较拮据的。在与小余的母亲一阵寒暄之后，她向我说起了家里的情况，在小余11岁时她和丈夫离异了，她忧伤地说："我平时工作忙，对她关心很少，她爸爸更是从来都不管她。小小年纪就像是个没爸没妈的孩子，就这么一个人住在外婆家。哎，这孩子多可怜！"说着说着，母亲情不自禁地流下了伤心的眼泪。

那一瞬间，我仿佛明白了小余总是那么胆怯甚至自卑的根本原因所在，这位伤痛中的母亲在疼惜自己女儿的同时也把不良的情绪传递给了孩子。我一边安慰着小余的母亲，一边提醒她："我们家长不能老是在孩子面前说'你是个可怜的孩子'，这是一种非常不好的心理暗示，要鼓励孩子学会坚强。"

这次家访触动了我的心，我暗下决心：一定要多关心小余，尽我所能引导她、帮助她，让这个孤单的小女孩感受到班级就是她温暖的家！

3. 启动"魔法"，试着改变她

针对小余同学的具体情况，我为她特制了一套"魔法"计划，力求给这个孩子更多精神上的宽慰。

策略一：挖掘亮点，当众鼓励

某一个周一，我检查学生完成的双休日作业，发现班级总体情况并不好，但有几本作业照例工工整整，其中就有小余同学的。我马上灵机一动："咦，这不正是一个好机会吗？"于是，在上课时，我将她的作业本投影到大屏幕上，上面展现出一行行整洁的字，一个个漂亮的勾。我试探着对同学们说："猜猜看，这是谁的作业本？"同学们你看看我、我看看你，几个活跃分子纷纷猜测是班里某个班干部的作业。

我摇了摇头说："这一次的作业是整理字词和知识点，有的同学出现了字词抄写错误的现象。但是这位同学不仅将字词从文章中一个个按照顺序标注好，更在自己不理解的词语上做好了注释，知识点梳理得很完整，而且一目了然。真是好样的！"

只见小余整个脸蛋红扑扑的，眼睛里跳跃着点点光芒，可以看出她已经认出了那正是自己的本子。我乘势大声向全班同学宣布："这是小余同学的作业本，我们每个同学都应该向她学习。"

事后，她多次在作文中写道："能够得到老师的表扬，我感到很自豪，忽然对自己有了信心，以后我一定会更努力的……"

策略二：书面沟通，多元鼓励

当了几年班主任，我深深明白"打铁要趁热"的道理，于是我决定在课堂上为她再造"成就感"。我和小余妈妈再次联系，向她反映小余在校的情况，对她表现好的地方给予了肯定，并告诉小余妈妈："小余需要的不是怜悯，而是鼓励，要唤醒她的自信心。"

在学校，我考虑到小余还是不善于跟别人交流，因此，我就试着运用书面沟通的方式进行交流，我还把她的特殊情况跟其他任课老师做了说明，希望大家在批阅作业时，及时给予这个孩子更多的鼓励。同时，我特意安排了一个热情活泼的女同学做她的同桌，以期让她感受到来自伙伴的关心。

一段时间里，小余的作业本上经常有一段段用红笔写的鼓励性或赞美性语言："你是一个很聪明的孩子，希望你能在课堂上积极发表自己的见解，老师相信你一定行！""如果你能试着跟同学交流，那么大家一定会更喜欢你。""今天的作业真是漂亮，老师真是替你感到高兴。加油哦！"

慢慢地，我发现小余脸上的笑容越来越多了，渐渐地开朗起来了。

策略三：制定契约，强化鼓励

欣喜小余变化的同时，我决定从小余最擅长的语文学科上再给她一剂"强心针"。一天中午，我特意把她请到办公室，拿着她的作业本，亲切地对她说："小余啊，老师发现你的语文一直非常优秀，不仅写字漂亮，而且语文成绩也不错。如果你在课堂上能够积极举手发言，那么一定会给其他同学一些启发的。试试看，行吗？老师相信你一定行！"

"嗯……"虽然她显得有点不好意思，但终究没有拒绝我。我一看有戏，连忙拉起她的手，说："咱们拉钩。"她迟疑了一下，还是点了点头。

一节课、两节课过去了，一天，两天过去了，她仍没有发言。我即便心里很着急，但还是耐心等待着。

终于，几天之后，在我的语文课上，我抛出了一个很简单的问题，并用眼光鼓励她能发言，在我的积极暗示下，她的手缓缓地举起来了，并很清晰地回答了问题。我连声夸奖："小余真的很棒！"此时，班里的同学也受到我的情绪的感染，都会心地笑了。

策略四：促膝谈心，坚持鼓励

半个学期过去了，她变得开朗了许多，课间看见她，身边总有朋友相伴；课上也时不时地举手发言，得到了老师们的表扬，我也感到很欣慰。

一次，小余在周记里写道："老师，我听到爸爸妈妈经常吵架，他们离婚了，我心里很难受……"那一瞬间，我不禁感慨万千，心中五味杂陈。

当天放学后，我把小余叫到办公室里，进行了一次谈心。

"小余，谢谢你对老师的信任，说出了心里话，我能理解你的心情。"我抚摸着她的肩膀心疼地说："父母之间出了一些问题，让我们感到很无奈，也很伤心。但是作为子女，要明白父母永远是爱我们的。"小余抬起头看着我，眼泪在眼眶里打转。我宽慰道："如果感到伤心难过就痛快哭出来吧，哭完了，好好调整情绪。"我停顿片刻，继续说，"老师希望你越来越懂事，不在爸爸妈妈身边的时候，要学着自强自立，培养自己坚强的性格。你健康快乐地成长比什么都好。"

那一天，小余在我的办公室里痛哭了一场，可是我知道，她正在和自己心中的阴霾告别。

在期末的一次家长会上，我又遇到她的母亲，她竟拽着我的手激动地说："老师，我离婚以后，这个孩子就是我的一切，现在看着她越来越好，我真的很高兴。谢谢您！"那一刻，我终于长长舒了一口气。

4."魔法"计划一直进行中……

之后，为了让每位同学都在鼓励中茁壮成长，我召开了一节"做最棒的自己"的主题班会课，这次的班会比开学初的见面会更加热闹，同学们争先恐后地讲述自己和伙伴们的优点。一节课快要结束了，同学们还意犹未尽。

我不失时机地提出"班级争星榜"，从最佳纪律、最佳卫生到最佳作业、最有进步，让每位同学都有自己的目标，更有机会获得肯定。时间长了，他们获得的红星越来越满，改正的坏习惯越来越多，对自己的要求也越来越高。

在"鼓励"这支魔法棒的背后，我看到了每一位同学自强上进的美丽心灵。我深刻体会到：不断的鼓励、积极的教导，一定会收获我们意料之外的良好效果，就像童话故事中那些美丽的魔法。我愿美丽的魔法能够帮助每一个成长中的孩子，让他们稳稳地走在自己闪亮的人生路上，做最优秀的自己！

（作者：上海市博文学校　成慧）

图书在版编目（CIP）数据

年轻班主任轻松带班八大攻略 / 卓月琴著 . —上海：华东师范大学出版社，2020
ISBN 978 - 7 - 5760 - 0751 - 0

Ⅰ.①年 ... Ⅱ.①卓 ... Ⅲ.①中小学—班主任工作 Ⅳ.① G635.16

中国版本图书馆 CIP 数据核字（2020）第 151080 号

大夏书系·全国中小学班主任培训用书

年轻班主任轻松带班八大攻略

著　　者	卓月琴
策划编辑	杨　坤
责任编辑	万丽丽
责任校对	殷艳红
封面设计	奇文云海·设计顾问

出版发行　华东师范大学出版社
社　　址　上海市中山北路 3663 号　邮编　200062
网　　址　www.ecnupress.com.cn
电　　话　021 - 60821666　行政传真　021 - 62572105
客服电话　021 - 62865537
邮购电话　021 - 62869887　地址　上海市中山北路 3663 号华东师范大学校内先锋路口
网　　店　http：//hdsdcbs.tmall.com

印 刷 者　北京季蜂印刷有限公司
开　　本　700×1000　16 开
插　　页　1
印　　张　14.75
字　　数　214 千字
版　　次　2020 年 9 月第一版
印　　次　2022 年 2 月第五次
印　　数　14 101 - 17 100
书　　号　ISBN 978 - 7 - 5760 - 0751 - 0
定　　价　49.80 元

出 版 人　王　焰

（如发现本版图书有印订质量问题，请寄回本社市场部调换或电话 021–62865537 联系）